社交资本
影响式社交

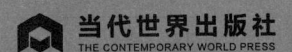

卢战卡 —— 著

当代世界出版社
THE CONTEMPORARY WORLD PRESS

图书在版编目（CIP）数据

影响式社交 / 卢战卡著. -- 北京：当代世界出版社，2021.6
（社交资本）
ISBN 978-7-5090-1609-1

Ⅰ. ①影… Ⅱ. ①卢… Ⅲ. ①心理交往－通俗读物 Ⅳ. ①C912.11-49

中国版本图书馆CIP数据核字(2021)第086607号

影响式社交（社交资本）

作　　者：	卢战卡
出版发行：	当代世界出版社
地　　址：	北京市东城区地安门东大街70-9号
网　　址：	http://www.worldpress.org.cn
编务电话：	（010）83907528
发行电话：	（010）83908410（传真）
	13601274970
	18611107149
	13521909533
经　　销：	全国新华书店
印　　刷：	北京兰星球彩色印刷有限公司
开　　本：	880毫米×1230毫米　1/32
印　　张：	6
字　　数：	150千字
版　　次：	2021 年 6 月第 1 版
印　　次：	2021 年 6 月第 1 次
书　　号：	978-7-5090-1609-1
定　　价：	42.80 元

如发现印装质量问题，请与承印厂联系调换。
版权所有，翻版必究，未经许可，不得转载！

前言
PREFACE

有人的地方就有江湖，想笑傲江湖就离不开社交功夫。每个人都有社交属性，但大部分人由于从小没有接受过全面系统的社交训练，在生活中难免会遇到很多困扰。不过我们也无须太过悲观，正因为社交无处不在，**所以，我们想改变命运、实现成功和找到幸福才有了捷径——只要能有效影响人，几乎就能搞定一切。**综观职场，无论哪个领域，只有善于做人的工作，才有可能成为佼佼者，否则一辈子都不可能得到应有的回报。

很多人把对人的工作视作务虚，把对事和物的工作视作务实，甚至还有人单方面地认为这些交际功夫会让人变得太务虚，不够务实。这些都是对务虚的偏见。其实我一直有个观点：**在务实基础上的务虚，是获得最大回报的务实。**正如一个努力工作又善于表达的职员，更容易获得升职加薪的机会，努力工作是基础项，善于表达是加分项。总的来说，**务实决定了人的发展下限，而在务实基础上的务虚往往决定了人的发展上限。**站在商业的角度，也许会有人觉得社交跟赚钱无关，这其实是大错特错了。因为一切商业的本质就是交换，一切交换的前提都源自社交！翟鸿燊曾强调：同流才能交流，交流才能交心，交心才有交易。如果你会社交，还愁赚不到钱吗？

无论是为了人缘、爱情、家庭和睦、提升威望，还是为了在公关、管理等场景下实现更大的经济效益，社交都在发挥着举足轻重的作用。

没有人不该重视社交，但没多少人能真正做到有结果的社交。因为任何有效社交的本质，都在于影响。你能影响对方，才能实现你想要的结果。一个人能影响多少人，才代表他有多强的社交资本。而想影响人，就要懂人性和社交原理。你能多懂一个人，才能多深刻地影响这个人。

基于对人性的洞察研究和对社交原理的认识，我常思考该如何结合自己的专长和更多的调研，给大家整理出一套**更符合大众实际情况、更成体系、更有可复制性、更易学易用的社交功夫**。与此同时，正好接到了喜马拉雅 FM 的邀请，希望我能开办专栏进行分享。在内因和外因的共同促使下，我自然是义无反顾地要打磨好这套课程了。**值得感恩的是**，这套课程《成为交际高手的 72 套功夫》在喜马拉雅刚一推出，就有幸得到了**新东方创始人俞敏洪老师、《我是演说家》陈秋实老师、央视主持人肖贵宁老师**等大咖的强力推荐和喜马拉雅平台的多次开屏推荐、首页推荐等，这套课程上架不到 1 个月报名人数就突破了 1 万，并且好评如潮。

感谢粉丝们一直以来对我的信任和鼓励，正因为大家积极踊跃的反馈，我后来又在今日头条、百度百家号陆续上架了《365 堂说话之道》《108 套销售心法》《中国式饭局社交》等专栏课，半年多的时间购买人数就突破了 4 万，并且一直在平台保持同类目销量和好评之冠。后来我的课程被 400 多个平台邀请分发，也引来很多企业的团购。由于这些专栏一直在平台深受欢迎，疫情到来之时，我也积极地带头推动专栏免费学公益助学活动，一个月帮助

前言

了 47 万余人宅家长知识，成为头条、百度等多平台公益助学先锋。在此期间，我经常被粉丝和企业界的朋友问到"有没有文字版"，很多人希望这些系统化的经验能够出版发行，以便更好地指导他们的社交实战。为此，我精选了上述课程中的精华内容，花费了一年的时间打磨出了"社交资本"系列《影响式社交》《影响式表达》《影响式销售》这三部曲。为了让读者有更大的收获和良好的阅读体验，我还将很多实用方法进行了图解。在此过程中，尤其要感谢庞晓双、李佳昊等小伙伴为整理书稿付出的辛苦。

我希望能打造一系列人人都用得着的社交工具书，希望它能成为你的转运之作，希望你无论过去是什么角色，都可以通过这些社交功夫实现逆袭，也希望你跟人打交道时无论遇到什么难题，都可以从此书中找到相应的答案。希望能帮你做到：一册在手，社交无忧！

当然，再诚挚的愿景，也难免有不尽如人意的地方，欢迎您在阅读过程中多多批评指正，有任何宝贵意见都可以在首页找到我们进行反馈，希望我们可以一起将这套书的内容不断优化，打磨得越来越好。

说在最后：无论你身份角色有哪些变化，自身有哪些目的，你本色中的真善美永远是你恒久发挥社交威力的基石。所以，愿你内外兼修，成为真正有魅力的"万人迷"！

卢战卡

2021 年 3 月

目录

CHAPTER 1

第一篇 / 促使他人行动以达到交际效果

01 | 乐功：利用快乐使人行动 —— 002
02 | 痛功：利用痛点使人行动 —— 010
03 | 情功：动之以情的方法 —— 017
04 | 理功：晓之以理的方法 —— 024
05 | 利功：予之以利的方法 —— 033
06 | 胁功：胁之以失的方法 —— 041

CHAPTER 2

第二篇 / 顺应人性才能让人跟从

07 | 诺功：借助承诺让人坚守 —— 050
08 | 惠功：借助施惠让人反哺 —— 059
09 | 境功：借助环境让人跟从 —— 067
10 | 型功：借助造型让人听服 —— 075
11 | 近功：借助好感让人亲近 —— 083
12 | 限功：借助限制让人争取 —— 091

CONTENTS

CHAPTER 3

第三篇 / 抓住人心,建立信任

13 | 探功:探察对方真实想法 —————— 100
14 | 勾功:勾住对方引起关注 —————— 108
15 | 搭功:搭讪对方建立联系 —————— 114
16 | 聊功:怎样聊天才能投机 —————— 122
17 | 评功:评价符合对方心理 —————— 130
18 | 约功:如何邀约方能成功 —————— 138

CHAPTER 4

第四篇 / 各种场景如何应变

19 | 宴功:宴会聚会的功夫 —————— 144
20 | 敏功:人际敏感度修炼 —————— 155
21 | 面功:求职面试的功夫 —————— 166
22 | 访功:拜访及会面功夫 —————— 176

CHAPTER 1

第一篇

促使他人行动以达到交际效果

01 | 乐功：利用快乐使人行动

相信人人都想过推动他人顺自己的意，以实现自己的目的，而每个人推动他人的效果却大不相同，甚至有些人根本无法推动他人。原因何在？

在学会推动他人之前，我们首先得搞明白人为什么会行动，会受什么推动，也就是人行动或不行动背后的原因是什么。

我在千聊讲"高层人脉社交课"时提过：人脉广≠人脉强，圈子多≠圈子硬。真正的人脉竞争力，不在于你认识多少人，而在于你能推动多少人。而你想推动更多人，就要懂他们的喜怒哀乐，如果你连人家喜好什么都不知道，那如何投其所好开展行动呢？而大部分人只注重广结人脉，却从不用心研究如何经营人脉，到头来难免像猴子掰玉米一样，终无所获。

其实，将人脉变现，根本没那么难，简单来说，要么从压力角度，

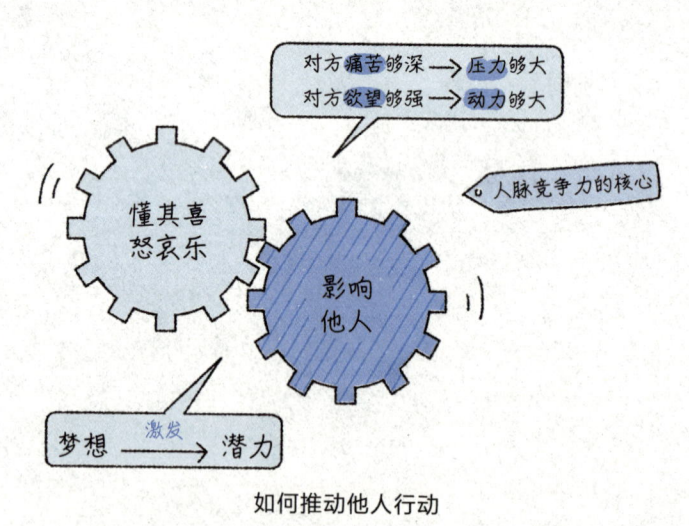

如何推动他人行动

让对方痛苦够深、压力够大，从而不得不动；要么从动力角度，让对方欲望够强，动力够大，从而自发想动。在这方面，驯兽师绝对有心得，猛兽之所以能被驯服，无非是因为用了鞭子和食物。

比如说，一到冬天你就会恋上你的床，每天早晨都是一场"生离死别"。大部分人都成了起床困难户，为什么会这样呢？因为你们都知道起床这个动作带来的感觉实在太痛苦了，所以不起来就是在逃避痛苦。怎么解决这个世界性难题呢？如果你懂得快乐加大法，想办法让起床的快乐大于起床的痛苦，就会有效解除床的"封印"。比如说：针对不愿意起床的孩子，如果你告诉他今天要去哪里玩，他立刻就有动力了；针对不愿意起床的女朋友，如果你告诉她陪她去逛街购物，她立刻就有动力了；针对不愿意起床的自己，可以设立一个起床目标奖，能连续21天按时起床，就奖励自己一部新手机，你便也有起床的动力了。

让人兴奋的东西，总是会激发人为此付出代价的意愿。这也是为什么个人要立目标、老板要画大饼、企业要谈愿景，因为人们当下行动的动力往往是由这些让人兴奋的梦想激发的。

乐功，就是通过快乐推动人的功夫，要把握两个关键环节，一是如何把握对方追求快乐的动机；二是如何使用快乐加大法有效推动对方。

把握对方追求快乐的动机

人因所处阶段、环境及价值观、性别的不同，而产生不同的追求快乐的动机，只有精准把握对方追求快乐的动机，才能用快乐加大法去推动对方。这里给出4个挖掘对方快乐动机的思考出发点。

出发点1：阶段不同，追求不同

● 1. 生理需求

相信不少朋友都听过马斯洛需求层次理论，该理论提出人因为成长

马斯洛需求层次理论

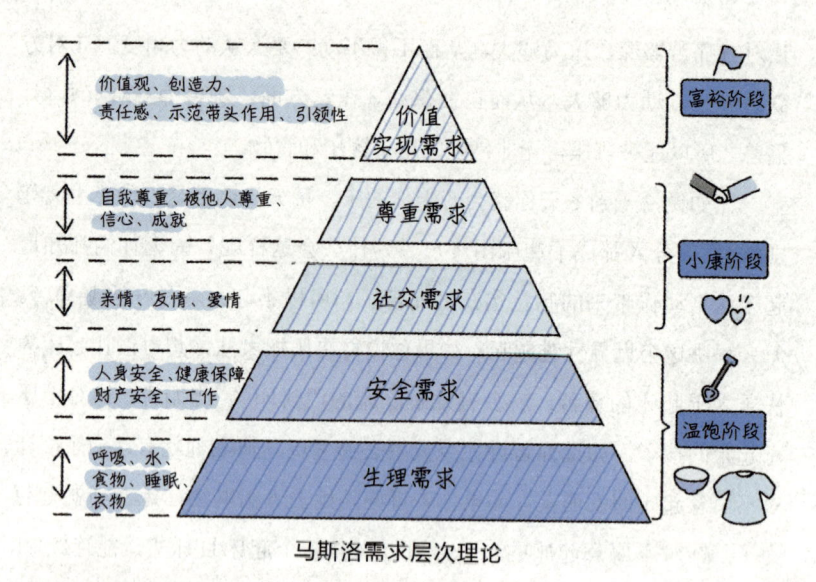

发展的阶段不同,追求的快乐和诉求点也不同,当一个人还在为生存发愁的时候,几乎全部追求只能停在最低的层面,就是生理需求,简单说就是吃饱穿暖。

● 2. 安全需求

当生存没有问题的时候,人就会产生更高层次的需求,即安全需求,比如如何让自己的奋斗所得得到保障,这个阶段的人才有可能会考虑保险的问题,所以卖保险的业务员如果不懂得甄选客户,无异于是在浪费时间。

● 3. 社交需求

当你的安全需求得到保障的时候,有住房、有存款、不怕失业等,你就到了第三个层次,即更高的社交需求层次,就会在感情方面产生一些诉求,你会追求爱与被爱,你会追求更广阔的人脉。

● 4. 尊重需求

如果社交需求已经被满足了了,你就会产生更高层次的需求,那就是尊重需求，你会比较在乎社会地位、名声、别人的评价。

● 5. 价值实现需求

再进一步，你就到了价值实现层次，当你不缺钱、不缺名、不缺自由，相对什么都不缺的时候，你就会去想能为这个世界做些什么、能留下些什么等价值诉求。

阶段不同，追求往往也不同，若想影响和推动他人，首先就要分析对方在哪个阶段，可能会有什么诉求，只有这样才能事半功倍。

出发点 2：环境不同，追求不同

众所周知，人是环境的产物。社会环境、家庭环境、工作环境、成长环境等，这些都是一个人性格形成和人生追求的直接影响因素。

通过了解对方的经历，去分析一个人追求快乐的动机是很有效的。比如多数情况下，在单亲家庭环境下长大的孩子，需要更多的爱和尊重；一个处在强化竞争和激励工作环境的人，需要更多的荣誉和认可；一个有成功经历、对自己能力很自信的人，需要公平对待的机制；一个家中上有老下有小的中年人，需要更多的对他家人的赞美和生活保障。

由此可见，不同环境下，人追求快乐的动机是不同的，需要具体环境具体分析。但总的来说，绩优的要认可、鼓励，尚缺的要补充、激励。

出发点 3：价值观不同，追求不同

身份往往决定了我们的价值观，而价值观往往决定着我们的心态和行为。有着同样财富积累的两个人，若其身份不同，其信念体系和价值观也会不尽相同，其在意的快乐也会不同。

有心理学家从 13 个方面总结了人的价值观：协助他人、追求美感、身心健康、自我成长、声望地位、独立性、成就感、财富、社会交往、道德感、安全感、舒适性、挑战性。面对一个人的时候，在沟通的过程中，可以基于对他的了解，有针对性地对其进行快乐动机挖掘。

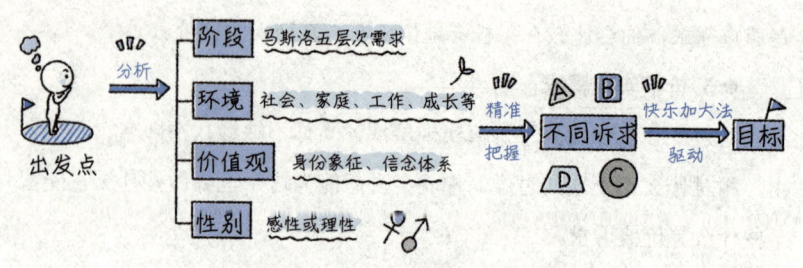

挖掘对方快乐动机的思考出发点

出发点4：性别不同，追求不同

通常情况下，女性会更感性一些，而男性会更理性一些，通过网上购物，就可以看出男性与女性之间的差别。

购物时，男性更多地注重实用，目的性很强，不会浪费太多时间；而女性则不同，不管是线下还是线上购物，都喜欢逛的感觉，经常会冲动消费。女性更在乎感受，过程很重要，而男性更在乎目的，结果很重要；女性更关注内心知觉，男性更注重外在面子；卖安全感找女性更好，卖尊重感找男性更妙……在快乐因素的使用上，一定要先搞懂男女有别。

通过以上分析可知，你想通过快乐动机去推动对方，就要知道每个人都是独立的个体，他们的快乐动机因人而异，因阶段不同、环境不同、价值观不同、性别不同，诉求也相应不同，当你意识到这些的时候，一定要有针对性地使用快乐加大法，这样才能轻松推动他人的目的。

用快乐加大法推人行动

第一步：找到兴奋点

想找到让对方快乐的兴奋点，有3个小技巧。

●技巧1：察言观色

在跟对方聊天的过程中你要观察对方的微表情、身体语言、说话重心等，通过一些冷读技巧，洞察对方的内心活动。我会在后面的章节，给大家列一些方法。

● **技巧 2：背景调查**

你可以在背景调研上多做一些功课，比如通过对方的闺密、兄弟、老师、同事等，去获取对方更多的信息，比如对方的兴趣爱好、特长、需求、期望等。

● **技巧 3：巧问挖掘**

如果你很善于引导式提问，你可以问出很多对方的背景信息。在后面的一些章节中我会讲如何绕过对方的意识，进入对方的潜意识，问出更多对方不见得会直接回答你的内容。

第二步：放大兴奋点

在放大兴奋点方面，一般情况下要注意两个维度。

● **维度 1：铺垫筑梦**

描绘愿景，说得直白一些，就是要画大饼，哪个成功的企业家没有画饼筑梦的能力？我们每个人也都要有描绘愿景的能力，这是一个想要成为管理者的人必备的能力。你可以结合眼前的一些事实，与对方一起展望如果我们做到什么，未来就有可能拥有什么，并且还要让对方认识到，做到这些并不难。

你首先要能看到别人看不到的地方，才能去激励别人，从而成为别人愿意跟随的领袖。

● **维度 2：不脱离事实，可行性要强**

放大兴奋点光学会描绘愿景是不够的，还要注意描绘愿景时不脱离实际，可行性要强。不要只沉浸在对未来愿景的描绘上，当你让对方觉得已脱离实际了，就会起反作用。要让对方感觉到你描绘的那些愿景是有可行性的，所以你要拿出事实佐证，让对方站在客观的角度理解并相信你所说的。只有不脱离事实，证明愿景的可行性，对方才会真正兴奋。

总的来说，从感性和理性两个维度都让对方被激励，才叫放大兴奋点。

第三步：重赏或巧惠

重赏就是大额激励，巧惠就是巧妙施惠。重赏激发欲望，巧惠制造负债感，一个是动力，一个是压力。

通过重赏的方式比较容易激发对方强烈的欲望，毕竟重赏之下必有勇夫。通过巧惠的方式，经常给对方施以恩惠，对方在互惠原则的影响下，往往会产生一定的负债感，所以就希望自己也做些什么，能弥补他人对自己的好。

所以，要么激发强烈的欲望，要么激发负债感。你要通过对对方情绪的带动，让其受到一定的激发之后，要么有破釜沉舟的决心，要么有跃跃欲试的冲动。

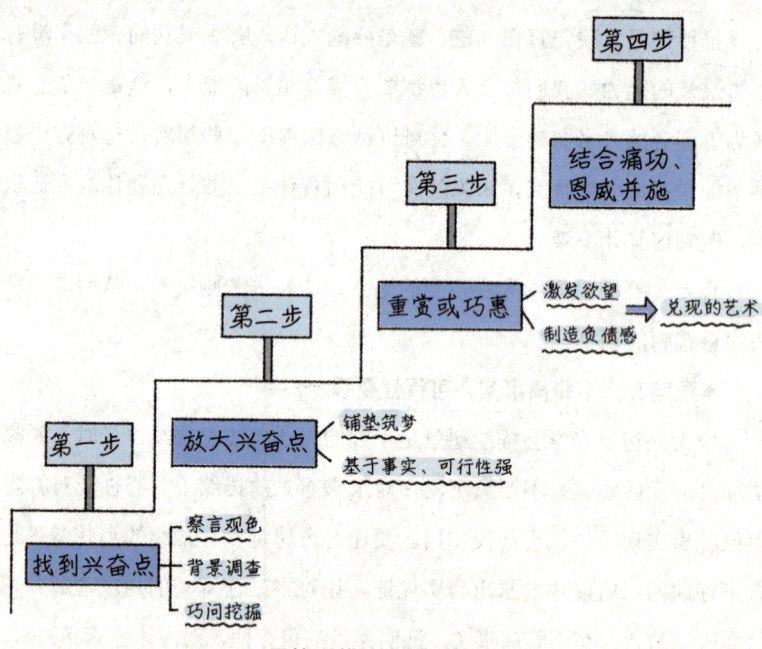

用快乐推人行动的步骤

但不管重赏，还是巧惠，都是兑现的艺术。兑现好，是惊喜；兑现不好，就相当于拿着金饭碗去要饭，赔了夫人又折兵。不重视兑现，往往会起反作用。

第四步：结合痛功，恩威并施

恩威并施的方法，是最有效的一种推动他人行动的方式。

补充说明一下，人们为什么不行动？究其背后原因，要么痛苦不够深，要么问题不够急，要么压力不够大，要么欲望不够强，要么目标不够明确，要么意志不够坚定，基本跑不出这6个方面。所以，想推动他人行动，要么让对方认清痛点并加以放大；要么让对方的问题变急，越急的问题就越会有大的需求；要么让对方的压力足够大，高压之下便会急于做出决定；要么让对方欲望足够强；要么让对方目标足够明确，清楚地知道自己要的是什么；要么让对方意志足够坚定，激发其为了目标绝不放弃的精神。多管齐下，便能达到更好的效果。

人类行为背后的动机，无非趋利或避害，要么追求快乐，要么逃避痛苦。既然已掌握了快乐推动法，那下一节我们来聊聊痛苦推动法。

02 | 痛功：利用痛点使人行动

任何行动的背后，都有一个动机。但从根本上说，任何动机，本质上都是趋利避害的。换句话说，人们的任何行动，要么是为了追求快乐，要么是为了逃避痛苦，这是人性使然。但哪个驱动力量更大一些呢？到底追求快乐的力量大，还是逃避痛苦的力量大呢？

人类行为学专家做过一个关于快乐和痛苦在驱使人行动中起的作用强弱对比的试验，结果证明逃避痛苦比追求快乐的作用要大4倍。所以，我们必须要学利用痛点使人行动的方法。

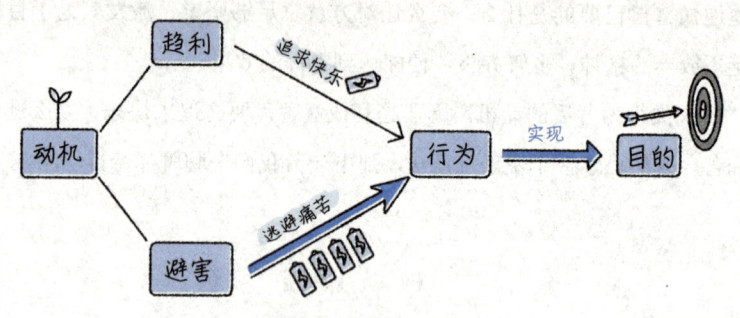

动机如何影响人的行为

利用痛点的 5 种思维角度

想要使用痛功，首先要了解哪些因素会让人感到痛苦，常见的有以下5种：

痛点1：想要而又得不到的好处。一个有可能得到却一直得不到的东西，往往会让人中邪似的执着追求。比如：我大学同学曾经省吃俭用坚持买彩票，坚持了4年，最多只中过5元钱，用他的话说，这叫"痛并快乐着"。

人们往往更想得到未曾享受过的好处，所以商家常常用你想要却轻易得不到的好处逼你就范。比如：有些商家特意拿出限时优惠的机会或者周年庆的赠品等好处，并规定这个好处只有当天某个时间段才有，还是限量版，让你心里痒痒，又不能随随便便就得到。越是这样越会吸引你，因为它给你一种本属于你但不珍惜就会被别人瓜分的感觉，毕竟谁也不希望自己的东西不翼而飞。

痛点2：错过或失去的损失感。就像刚才这个例子：限时抢购，如果错过，就恢复原价；如果错过，未来要涨价；如果错过，就没有这样的赠品也不会有优惠，所以错过或失去的损失感会让人感到痛苦。人们都不希望已有的利益被损害，哪怕只是看起来像已有的利益。

痛点3：精神或身体上的损伤。卖保健品的人员经常会警告你如果再不做预防的话，未来有可能发生什么样的不良后果。小品《卖拐》中，赵本山忽悠范伟买拐也是一样，不断用可能的结果吓唬对方"再不想办法控制，轻则股骨头坏死，重则植物人"。

痛点4：身受束缚，或者深陷麻烦。没有人喜欢束缚感，也没有人喜欢麻烦，束缚和麻烦往往会限制一个人的自由，会让人觉得痛苦。所以，当你能描述出若对方不听你的建议则可能会陷入束缚和麻烦时，就会让对方有所触动。尤其是在快节奏的今天，能让人省事的一站式服务往往都更受欢迎。就像我的车无论遇到任何问题，只需给4S店我的服务顾问打电话，就能解决一切难题。我平时懒得记那么多电话，也不喜欢跑流程，所以关于车的所有业务我都托管给他。

痛点5：灾祸或危险的可能性。比如卖保险的人经常会列举在出现意外后丧失劳动能力的情况下，买过保险和没买保险的人之间差别的例子，从而让你关联想象，产生痛苦驱动。

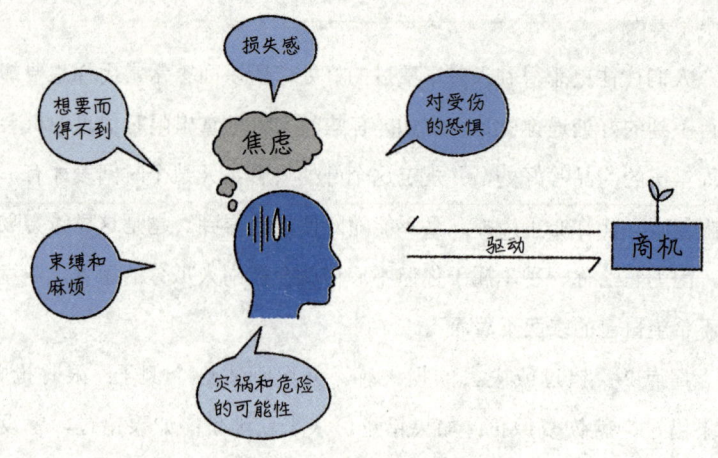

利用痛点的 5 种思维角度

哪里有焦虑,哪里就有商机。随着物质生活越来越好,人们精神层面的焦虑也越来越多。大家接触过保险的话,就会发现,现在的险种真是越来越多了,连宠物保险都能分出很多项,这其实就是人们对未来有所担心的反应。你能抓住对方的焦虑,就能使人行动。

找到了他人的痛点,接下来就是怎么用痛苦加大法使人行动。

用痛苦加大法使人行动

想用痛苦加大法使人行动,就要把握以下 4 点。

1. 发现痛点

我有一些学员是做直销的,我发现有些直销团队在发现痛点方面下了很大功夫。为了提升团队在保健品或化妆品方面的销售能力,他们专门安排团队成员学习了中医的手诊、面诊、刮痧、拔罐、火疗等相关的技法,那么为什么要懂一些中医的技术呢?

因为这些技法会为他们打开业务奠定专业基础。试想,在跟陌生人打交道的过程中,如果要快速抓住对方注意力或快速找到话题并让对方建立信赖感的话，手诊、面诊就派上用场了。你可以通过对方的一些面部特征跟对方聊上几句："大哥，看您……表现，恕我冒昧，您是不是身体的……部位平时会有一些……反应？您是不是平时睡眠不太好？您是不是时常上火啊？"当对方好奇地回应"你怎么知道"时，你再揭晓自己懂得一些面诊的方法，这就是以痛点问题切入话题的手段。

就算不会面诊，若善于察言观色和分析局势，也能让你发现对方关心的痛点并激发对方的好奇心。例如：电视剧《新三国》中，诸葛亮说服马超归降刘皇叔时，上来就摆明态度，"我过来是做说客的。"这就叫发现问题。就像谈判者经常会在见面开场时表态"我今天是专门过来解决你的问题的"，这往往都会有先发优势。

手诊和面诊不只是为了发现痛点，最终目的还是要推动他人行动，想要进一步实现目的，就要做好第二步，提醒痛点。

2. 提醒痛点

相术界有一句口诀，是描述怎么一步步抓住人心的，叫：急打慢牵，细审深察。什么叫急打呢，就是上来吓住你，让你一怔。慢牵呢，是慢慢儿地煽风点火。

诸葛亮收马超时，马超恐吓他说："我战剑新磨，正差一头颅待砍，你要说不好就拿你试剑。"而诸葛亮呢，一句话提醒痛点："将军大祸不远矣，恐新磨之剑将军必将先试啊。"马超的心立刻被诸葛亮抓住了，接下来就看诸葛亮如何放大痛点了。

3. 放大痛点

在放大痛点上，有一段口诀，你可以这样去理解：找到对方的痛点，撕开它，撒上盐，再搓搓，问他，疼吗？相当于想办法让对方感受到痛苦后，再让对方自己回答这事要不要解决。

虽然这段话听上去很残忍，但方法没有正邪之分，关键在于你用心的正邪。其实现实生活中，不管你是想推广自己的方案或者建议，还是推销产品，放大痛点都很容易见效。现在教给你放大痛点的4个方法。

● **方法1：稳准狠地分析**

诸葛亮凭三寸不烂之舌成功劝降马超，就是因为诸葛亮看到了马超的窘境和内心矛盾之痛苦："将军与曹操有杀父之仇，陇西又有切齿之恨；前不能救刘璋而退荆州之兵，后不能制杨松而见张鲁之面"，一针见血地指出马超无处可去的困境，接着又把若不行动未来可能遭受的痛苦放大，如"昔日之羞耻又将出现，将军有何面目见天下人"，逼马超自己慨叹"我如今真的是无路可走了"。此刻，就说明加深痛苦到位了，于是适时给出解决方案，替刘备收了马超，并趁此让马超打下益州做见面礼。

● **方法2：煽风点火**

煽风点火可横纵切入，也可以内外延展，内外就是指个人内在品质和外在关联的影响。内在相关的有：自尊心受伤、发生遗憾、变得自卑，甚至是抑郁等内在痛苦，这叫内痛。外在就是外部人际关系方面，比如一个人的事业、机遇、名声等方面的痛苦，这叫外痛。无论是横纵切入，还是内外延展，都是通过煽风点火去放大痛苦。

● **方法3：升级加温**

用例证或权威言论升级加温。对方怕你不相信，就要想办法拿一些跟你一样的例证让你相信。卖保健品的人员常用这样的话："你看看跟你处在同一行业的×××/你很熟悉的××明星、××权威人物当初就是没做预防，后来问题有多么严重……"凭此口吻，引导你规避风险。或者引用权威言论，比如说××专业期刊曾经说过这方面有多高的发病率，像你这种行业的从业人员，未来出现意外的可能性很大等。

总之，对方拿出权威的言论或者跟你一样的例证，就是为了想办法升级你出现更大痛苦的可能性。

● **方法4：借助第三方力量**

如果上面的方法无法奏效的话，还可以利用对方在意的人来对其进行说服，特别是针对女性。因为女性通常比男性更感性，就像你想卖根冰棍儿给小孩，如果这小孩有爸爸妈妈陪着，是说服爸爸容易还是说服妈妈容易呢？

要是说服爸爸买，爸爸也许拎着孩子就走了，你要说服妈妈，"哎呀，你看宝贝哭成这样，多让人心疼，一根冰棍吃不坏肚子的……"听到这些话，妈妈有可能就心软了。

有些女孩子也是一样，比较感性，容易冲动消费。有时你直接说服她可能不容易，但是若提醒她按你的方法做了，她男朋友会对她多着迷，她就会有感觉，"女为悦己者容"嘛。

所以，借第三方力量加深痛苦，会使对方的感受更真切。

4. 援救痛苦

若只给对方放大痛苦却不给出解决方案，那你可就是罪魁祸首了，对方一定跟你没完。

就像在马超痛苦不堪、一筹莫展之时，诸葛亮就抓住时机立刻转移其注意力："我主刘皇叔礼贤下士，爱才如命。将军若弃暗投明，归顺刘皇叔，上可成父志，报父仇；下可除奸逆，立功勋。将军何乐而不为呢？"这是针对心结给了一剂良方啊。难怪马超愿意立刻表态"益州就交给我吧"！

所以，你要适时援救痛苦，实现目的。援救痛苦有两步，第一步是放出援救信号；第二步是当断则断、当拖则拖。

放出援救信号： 你要适时地向对方表现出你能解决问题的自信，让他相信你既然能提出问题，自然就能解决问题。

当断则断、当拖则拖： 当断则断就是在对方已经确定要解决这个问题时，立刻办；当拖则拖就是欲擒故纵，有些时候，你感觉火候还没到，那你可以让对方先在痛苦里沉浸一段时间。甚至你要表现出：我无所谓，不过你自己得好好想想该如何快速摆脱痛苦。很多情况下，越是无所谓，越是不把眼前的这个决定当回事儿，对方就越急着想让你赶紧做决定。

乐功、痛功本身就是一体两面，希望这两节内容你能结合着去理解与应用，把它们变成你的习惯性社交思维和工具。

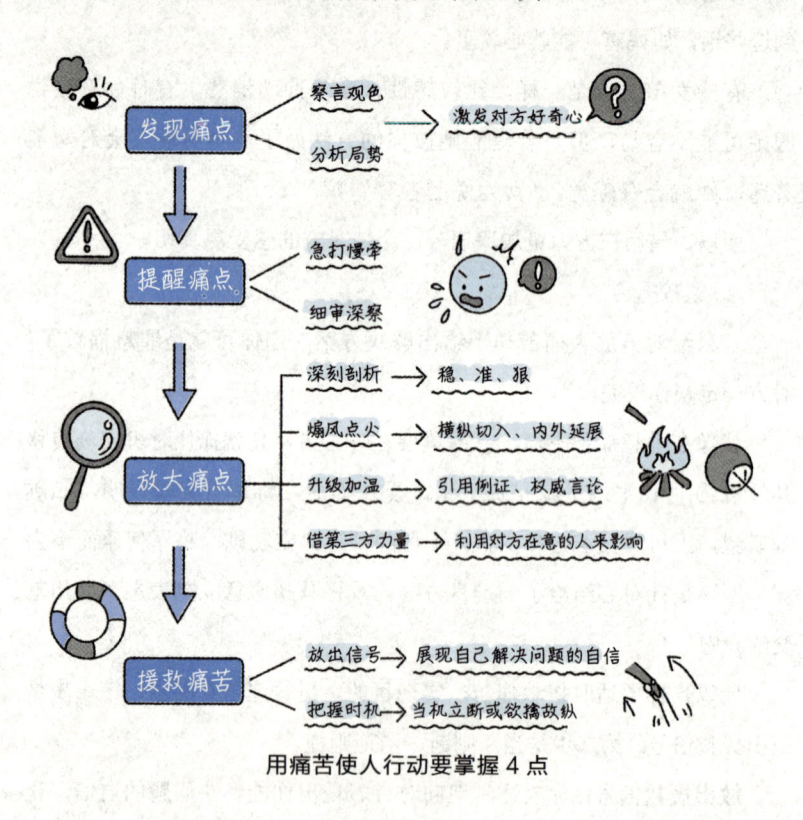

用痛苦使人行动要掌握 4 点

03 | 情功：动之以情的方法

情功是"动之以情"的方法。在人情社会，善于打通"情"关的人，都是交际高手。

人是感情动物，如果我们可以很好地把握对方的情感、带动对方的情绪，就能通过情感影响他。

本节跟大家具体分享如何用情感情绪，去影响他人、带动他人、改变他人。卓越的企业领袖、演讲高手、优秀的作家、著名的导演，都是情绪带动的高手。

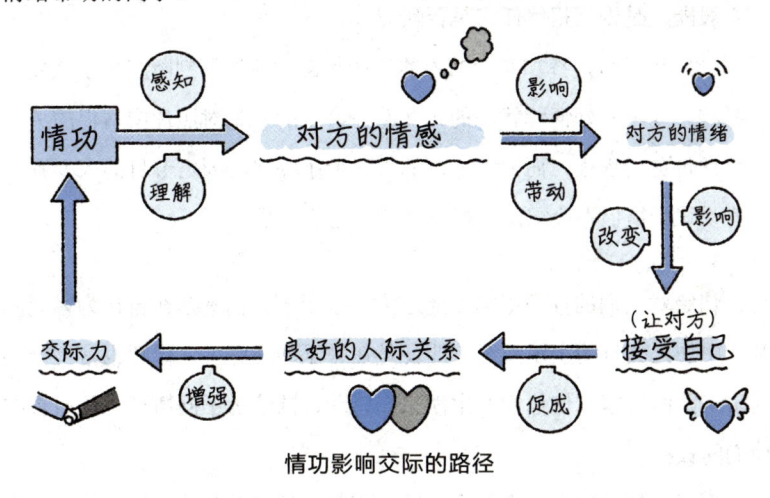

情功影响交际的路径

为什么要先动之以情

美国前总统小布什说过一句话，"能调动情绪，就能调动一切"。这位在美国非常有影响力的领袖人物，精准地掌握了影响他人的要义。想打动他人，首先你要具备调动情绪的能力。有一个成语叫"情不自禁"，指不能控制住自己的感情，一个能让他人"情不自禁"配合你的人，就是情绪应用高手。情感影响着一个人的认知和判断能力，比如我们对一个人喜欢还是厌恶，首要的影响因素是能不能在情感上达到共鸣。

> **心理学研究指出：我们自己的情绪状态，往往会影响到我们对别人、对社会事件的推理。**美国卡内基·梅隆大学的科学家们做过一组实验，参加实验的人被随机分成了三组。研究人员让其中一组人看了一段喜剧录像，而另外两组人看的分别是关于癌症和死亡的节目。紧接着，研究人员让他们对自己的情绪进行了评价，然后向他们呈现了一些情侣的照片，并请他们想象在某公众场合遇到这些情侣，同时根据从相片上得到的印象，评价这些情侣是否幸福、是否般配、是否互相信任、是否默契等。
>
> 结果显示，参加实验的人的情绪状态对他们的判断产生了重要影响。处于良好情绪状态的人（看完喜剧的人）对照片中情侣的关系评价更为积极，而情绪低落的人（看了癌症与死亡节目的人）则容易认为情侣不般配，互相不信任，也不幸福。

情绪对人们的推理影响如此之大，以至于人们常常在自认为客观的判断中加入大量的主观演绎。即使是在公正的法庭上，律师也常常会煽动陪审团的情绪，使他们产生愤怒、感动、同情等不同情绪，从而影响他们的裁决。

现代营销学中有一个概念：**情绪营销**。越来越多的证据显示，客户产生购买决策的依据，往往是他们自以为重要、真实、正确无误的认识，而不是来自具体的、理性的思考或斤斤计较的结果。

完美沟通的最高境界，是让对方感觉良好。交往时以对方为中心，对方感觉好了，一切都好谈；对方感觉不对，一切都不对。美国最新的相关研究表明，人们能够表达多达 21 种情感。那么如何使用这些情感来影响别人呢？接下来给大家讲一些具体的方法。

讲解这部分要借助一个案例，叫好又叫座的电视剧《亮剑》中有一个片段令我印象深刻。政委赵刚通过一番演讲，竟然让国民党军俘虏兵在他面前掉下眼泪，我们分析一下他是如何通过 5 分钟的演讲，说服那些国民党俘虏兵全部倒戈的。

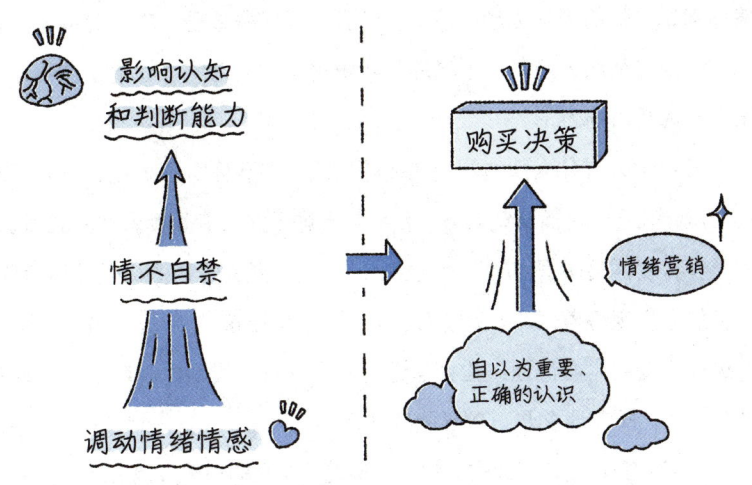

调动情感影响他人的原因

如何做到动之以情

我们结合以下 5 点进行分析，以供大家在现实生活中参考应用。

1. 坦诚开放的语气

赵刚一上来就放下身段，跟大家拉近距离。他当时是这么说的："我今天过来不是来训话的，我是来跟大家认识一下，顺便呢聊聊天，我叫赵刚，论年龄呢，恐怕我比大家大一些，就算是个兄长吧，诸位都是我的弟兄，都不要拘束啊，有什么话就说，有什么问题就问。"这种坦诚开放的语气，容易让人放松，降低敌意。

与人交往时也一样，不要一上来就让别人感觉你带着很强的目的性。否则会激发对方的防备心理，让他在与你的对话中有所保留，对方的心门不打开的话，你的理念、想法便得不到认可。所以，想要让对方开放，首先你要制造一个开放的氛围，你自己先要开放、坦诚。

2. 真情实感的情绪

芝加哥大学的心理学家约翰·卡西奥普曾提出："一个人的面部表情越真诚，他的表达力越强，就会越吸引他人去效仿。"由此可见，我们应利用好情绪效应，用适当的情绪带动别人的情绪，让情绪在不知不觉中发挥其影响力。

想让对方有什么情绪，最快捷的方法，就是你自己要先有这方面真实的情绪表现，进而带动对方。我经常走进企业或者学校做体验式训练，有一套深度体验课程叫《生命之旅》，这是一堂完全用心感受的体验课，学员们全程都戴着眼罩，还要穿越黑暗、坎坷的时光隧道，最后我跟大家进行深度的内心沟通，让大家通过深度反思，找到内心原动力，重获良好状态，重获对父母、领导的感恩之心。

很多人在参与这门课的过程中，实现了完全的情绪释放，有不少成年朋友在课后含着眼泪跟我拥抱。为了上好这堂课，我对自己的要求非常高，我必须全身心投入当时的情绪里。大家感动是因为我首先打动了自己，如果仅是干巴巴地用演讲技术跟大家做分享的话，课程绝不可能有那么显著的效果。

3. 打动人心的事实

你要很会讲事实，才能打动人心。就像上文所提电视剧片段中的赵刚，当俘虏兵还质疑他对第五军、第十八军的夸赞之词是违心言论的时候，他开始了打动人心的事实描述，来看一看他是怎么把下面俘虏兵说哭的。

俘虏兵：长官，你真的这么认为吗？

赵刚：我这么说（你们都是好部队）是有根据的。

就说十八军吧，淞沪会战时，和日军王牌部队十一师团在罗店交手，打出了中国军人的威风。六十七师师长李树森将军负重伤，二零一旅旅长蔡炳炎将军阵亡，部队伤亡过半，可是十八军呢，没有一个部队擅自放弃阵地后退，没有一个士兵临阵脱逃。

第五军也是好样的。当年血战昆仑关，和号称钢军的日军第五师团交战13天，击毙日军二十一旅团少将旅团长中村正雄，就冲这个，我赵刚佩服！

俘虏兵：长官，你还记得这些啊！

赵刚：不光我记得，我相信所有有爱国心的中国人，都会永远记得，你们在抵抗侵略、争取民族独立的战场上所建立的功勋，是谁也抹杀不了的！

此刻，俘虏兵们已泪流满面。

为什么赵刚打动了俘虏兵？因为他会讲走心的事实啊。讲事实绝不是平铺直叙地陈述，而是要像赵刚一样，学会运用讲细节、摆数据、呈画面、作对比、抓重点、树典型、融情绪、引共鸣等具体的描述事实的方法。若没有这些方法，同样的事实可能也达不到动之以情的效果。

4. 细节画面的呈现

《裸婚时代》片段里刘易阳讲那些打动人心的事实时，有很多细节的呈现。比如他说：抽不起好的，我就抽次的，次的抽不了，我就捡烟屁股，烟屁股抽没了我没辙，我就只能睡觉，躺在床上一觉睡下去，也就忘了饿了。这些细节的呈现，仿佛能让你看到主角每一个无奈又令人心酸的神态,正是这些细节触动了我们的敏感区。

与赵刚说服国民党俘虏兵一样,我在讲《生命之旅》课程的时候,也会有感动画面的描述和引导。令人动容的画面,都自带催泪效果,视觉化的冲击往往最震撼。

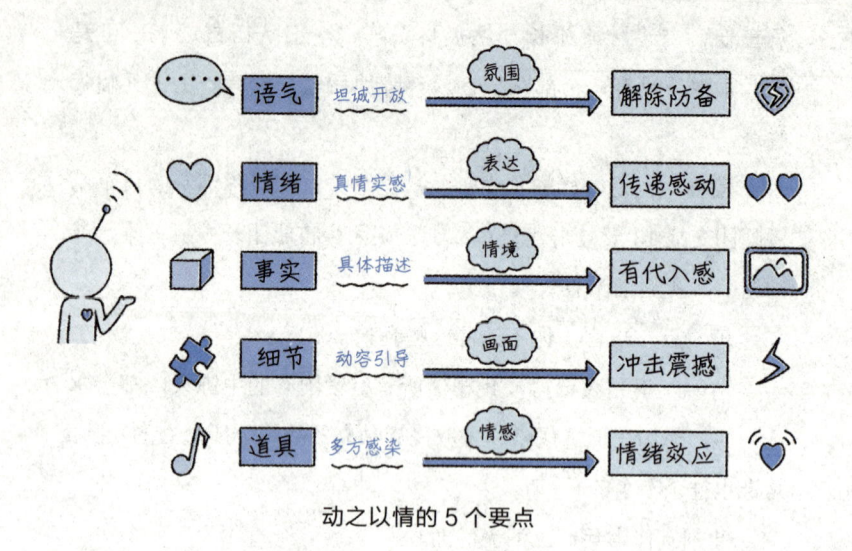

要素	方式	传递	效果
语气	坦诚开放	氛围	解除防备
情绪	真情实感	表达	传递感动
事实	具体描述	情境	有代入感
细节	动容引导	画面	冲击震撼
道具	多方感染	情感	情绪效应

动之以情的 5 个要点

5. 情感道具的配合

很多影视剧在播到动情场面的时候,往往都会同步响起触动人心的音乐,这为情绪激发起到了很好的辅助作用。比如《泰坦尼克号》,每次让你感动的时刻,都会响起同一段音乐,几次下来就相当于在你潜意识里安装了一套条件反射程序。难怪很多人在看这部剧时,每次音乐响起,就会情绪高涨,尤其是露丝和杰克最后分开时说"Never let go"的场景,音乐响起,大家瞬间泪崩,这就是音乐配合的效果。

心理学上有一个效应,叫**情绪效应**,说的是与人交往时,情绪会通过你的姿势、表情、语言、音乐等传达给别人,使对方不知不觉受到感染。这提醒我们，情绪可以通过多种方式传递，前提是你自己，情绪表达要到位。

美国洛杉矶大学心理学家加利·斯梅尔曾经做过一系列实验，研究证明，只要20分钟，一个人就可以被他人的情绪所感染，一个人的敏感性和同情心越强，就越容易受到感染，并且这种感染过程是在不知不觉中完成的。所以喜欢追情感剧的大家，现在明白那些影视作品的套路了吧。

学会了动之以情，就用这些方法，带动一下别人的情绪吧！

04 | 理功：晓之以理的方法

上一节讲了情功，本着情理不分家的原则，这一节给大家分享一下理功。因为在与人交往，尤其是想要说服人的时候，"晓之以理"和"动之以情"都不可或缺。

顶尖的说服高手都是思想家，也都是布道师，既能创造理念，又能让人信服。

情功是通过带动情绪、影响情感来进行感性吸引，而理功是通过逻辑分析、理念主导来影响理性判断。我们想让对方接受自己的方案、建议，或者产品、服务，首先要为其设置更易接受的理念。

下面，我先跟大家分享一个简单的说服原则和使用这个原则的3个步骤，再给大家讲5个以理服人的思维，以及晓之以理升华加固的方法。

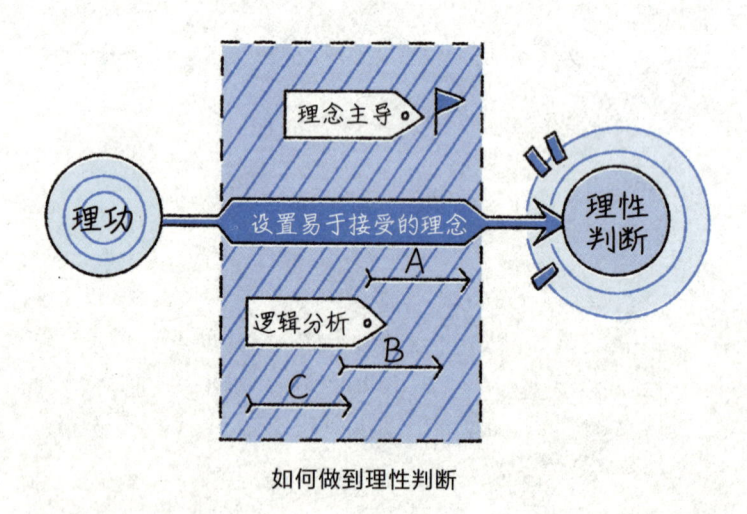

如何做到理性判断

FAB 原则与 3 个步骤

1.FAB 原则

相信你在生活中也遇到过这样的销售人员，上来噼里啪啦跟你说一大堆，无条理、无逻辑、无重点，让人根本无法感受到他的本意和对自己的好处。这样的发言，对方说再多，相信你也不会为其所动。其实生活中的每一次对话都是一次销售，如果你想将思想、观点、主张等销售给对方，让他支持你，你就必须清楚：想让人听着有感觉甚至进一步交易，就一定要围绕着对方能深刻感觉到的具体利益去说。

因为"人购买的不是产品，而是具体的利益和好处"。每个人既然是个性的，利益诉求就是个性的，你不可能拿一个通用的说法把所有个性化的诉求都搞定。

若想更好地说服人，可以运用 **FAB 原则**。

F——feature　**属性**

A——advantage　**优势**

B——benefit　**利益**

凭此原则，养成"因为 F，所以 A；因为 A，所以 B"的说服逻辑。比如，你想卖给我一个保温杯，怎么以理说服我呢？你可以这么说："卢老师，因为我们这杯子是航天特材（F 属性），所以保温功能一流（A 优势）；因为我们的杯子更保温，所以能让您随时喝上热水，可以更好地保护您的嗓子（B 利益）。"你若这样说，就很有逻辑，我也更容易接受。

有了这个原则，再加上以下 3 个步骤，你就可以更清楚以理服人的思路了。

2.3 个步骤

（1）**提及属性**。结合你要销售的具体商品或者服务来分析它具备哪些属性。

（2）**分析优势**。基于对属性的分析找出这个属性的优势。

（3）**塑造利益**。一定要结合你要说服的对象，使优势与之有关联性，找一个能够与之匹配的利益来塑造。

好，我们用新方法来解决一下卖电脑这个难题。

（1）**提及属性**——我们这款电脑的电池采用了最先进的工艺。

（2）**分析优势**——充电快，待机时间长。

（3）**塑造利益**——结合说服的对象，使电脑优势与之产生很强的关联性。如果面对一个商务人士，可以说"先生，我们这台电脑的电池采用的是最先进的工艺，充电快、待机时间长，充电5分钟，工作8小时，对于像您这样的商务人士来说，经常出差，路上会花比较多的时间，这台电脑可以让您不用担心出差的路上没有电的问题，随时随地轻松工作"。如果这样说，对方会产生什么样的感觉？肯定是买买买。

如果说服对象换成了其他人，可以依据对方的特质重新设计话术。

- 面对一个怕辐射刺激皮肤的女性客户，可以这样设计 FAB：

  （1）提及属性——我们这款电脑材质好，有隔离膜。

  （2）分析优势——防辐射效果更强。

  （3）塑造利益——皮肤和身体不会受影响。

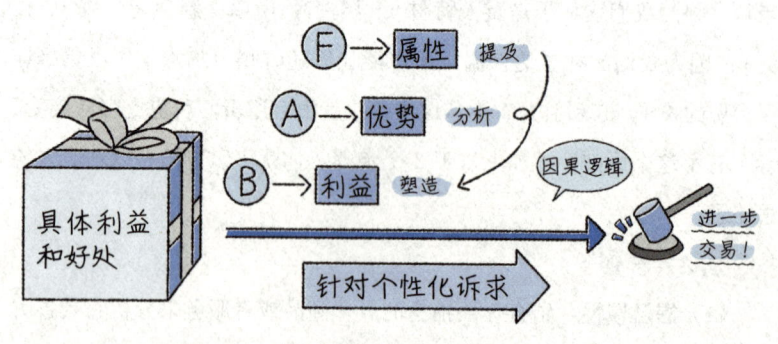

FAB 原则的 3 个步骤

> ● 测试一下，你向一对新婚夫妇推销家具，看到女士已经怀孕了，你就知道对方家庭最大的利益诉求不是便宜，而是妻子和孩子的健康。所以，你的FAB话术应该是：
>
> （1）提及属性——
>
> （2）分析优势——
>
> （3）塑造利益——

按照这三步，注重养成**因果逻辑表达习惯**，即因为我们是什么特殊属性，所以我们有什么独特优势，因为我们有什么独特优势，所以我们能满足你的独特利益。这样说话从逻辑上挑不出毛病，会更加使人信服。如果你掌握了这个表达逻辑，我相信你以理服人的功力一定能够大增。

接下来介绍第二个方面，5个以理服人的思维，请有效利用这5个思维。

5个以理服人的思维

在情功中我们讲过《亮剑》中赵刚劝服国民党俘虏的片段，这里面也有以理服人的情节。经过前面铺垫的一大段事实，赵刚进行了一个结论上的总结："我刚才说了，你们第五军和第十八军都是优秀的部队。"这就是基于事实的结论，事实加结论才更让人信服。

接着，他又说了一句话："事情走到今天，责任不在军人，而在蒋介石独裁政府。"那这句话是结论还是事实呢？当然是结论了！但是这还不够有说服力，那怎样才能让大家相信"责任不在军人而在蒋介石独裁政府"呢？他紧接着就以铺陈事实的方式对大家晓之以理了，用事实去证明结论。

> "抗战胜利后，各民主党派，要求成立联合政府，通过广泛的民主选举，选出执政党，共同治理国家。可是蒋介石政府呢，要搞独裁，压制别的党派，在政治上搞法西斯式的统治，把中国变成警察国家，连社会名流的生命安全都得不到保障，闻一多先生和李公朴先生被暗杀，这就是个例子；在经济上呢，蒋介石政府要维护四大家族的利益，民不聊生，通货膨胀，这样一个独裁、腐败、黑暗的政府，难道不应该推翻它吗？古人说：纣无道，起而伐之，庆父不死，鲁难未已。弟兄们，现在到了决定一个民族前途的时候了，每一个有良知的中国人都应做出自己的选择。我赵刚的选择是：要民主，要自由，推翻独裁统治，打倒法西斯独裁政府，建立一个人民当家做主的新中国。"

他阐述了经济、政治等各方面的事实，以点带面有力地证明了他的结论。所以，这"晓之以理"的第一个方法要点，就是**事实根据佐证结论**。

1. 事实根据佐证结论

我们想要把自己的道理讲得深入人心，需要学会摆事实，事实虽不等同于真理，但它是客观的、不可改变的，摆事实是让人相信的重要方法。"我爱你"这三个字需在浪漫事实之后说出才会有效果，也是这个道理。

> 一次竞选国会议员，艾伦与陶克在演讲台上相遇。陶克是美国南北战争时期的北军将领，战功卓著，此前担任过数届国会议员，而艾伦是一名出身士卒、默默无闻的小人物。竞选演说时，陶克充分发挥自己的优势，他说："亲爱的同胞们，可曾记得，17年前的夜晚，我率领部队与敌人进行过血战，在山上的树丛中露宿了一夜。如果诸位没有忘记那次艰苦的战役，请诸位在投票时，不要忘

记吃尽苦头为国家带来和平的人。"

选民们被打动了，纷纷高呼："我们要陶克！"

这就是摆事实的威力，使人不得不信服。然而事实虽是客观的，对事实的解读却是主观的。

就在陶克将军以为胜利在望的时候，艾伦登场了。他说："女士们，先生们，陶克将军没有说错，他的确在那场战斗中立下汗马功劳。当时，我是他手下的一个小卒，代他出生入死，冲锋陷阵。当他在丛林中安睡的时候，是我携带武器整夜保护他。诸位如果同情陶克将军，当然应该选他；如果信任我，我对诸位的信任当之无愧。"

艾伦的一席话从容不迫，有理有力，寥寥数语便扭转乾坤，转败为胜。

同样的一段史实，不同的解读，可以产生同样巨大的威力。同时也告诉我们，分析事实的角度不同，结论就不同。

有时候你想让对方认为你是一个什么样的人，不需要你自己说太多这方面的总结性言论，而只需呈现一些能证明自己的具体细节，或者让对方看到你的一些具体行为，从而让对方得出相应的结论。就像在面试时，摆出有分量的荣誉证书、对你高度评价的权威推荐函等，比你自卖自夸强太多了。**用事实讲道理更有说服力。**

2. 逻辑推理分析结论

赵刚通过对蒋介石政府在政治、经济等各方面所作所为的分析，通过对公众人物被暗杀、民主党派被压制等恶劣独裁行径的描述，让大家顺理成章地得出结论：这是个黑暗腐败的独裁政府。最后，他还用非常有情绪带动效应的反问句式唤起共鸣："这样一个独裁、腐败、黑暗的政府，难道不应该推翻它吗？"这就是一个很顺畅的逻辑推理，有正常推理能力的人都无法去反驳这段言论，这就是很好的晓之以理的方式。

我们平时可以有意识地多看一些推理小说，还要**在日常生活中培养推理分析的习惯**，只有这方面的能力提升了，才能在说服别人时，让别人很难挑出毛病来。

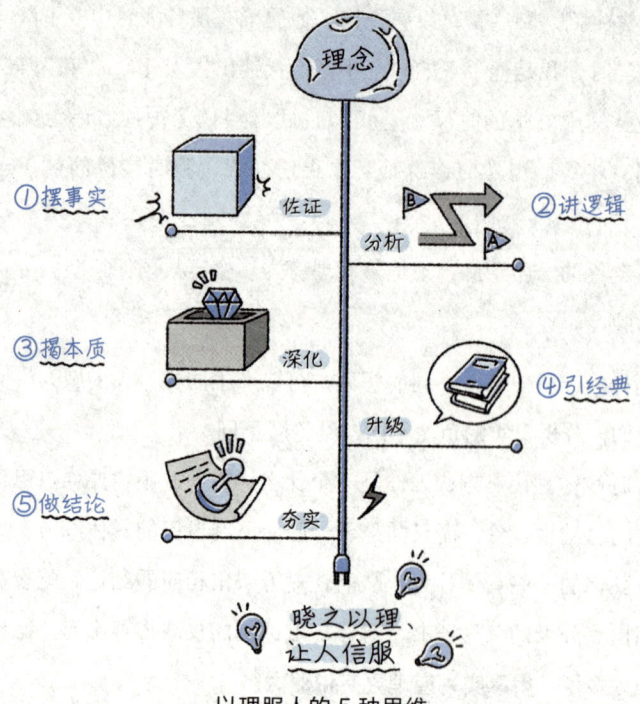

以理服人的 5 种思维

3. 本质揭露深化结论

分析本质、揭露真相，都是能快速抓住对方注意力并说服对方的技巧。 赵刚谈到闻一多先生和李公朴先生被暗杀，强调了一句"这就是个例子"，这就是抓住事实、以小见大，一针见血地揭露了蒋介石独裁政府黑暗政治的本质。

我们讲话如何做到更深入人心呢？其实如果能讲出不一样的角度、不一样的深度或不一样的高度，让对方觉得我们是这方面很专业、很高深、很懂行情的人，自然就会很信服我们。很多人对事实是缺乏判断和认知的，有时候往往会被别人的观点所引导，而你如果能通过自己的批判性思维，给出有深度、有高度的见解，就能服众，所以很多意见领袖和揭露真相类的视频节目，都容易受关注和欢迎。

4. 引经据典升级结论

前文例子中赵刚说道"古人说纣无道，起而伐之，庆父不死，鲁难未已"，这就是通过纣王和庆父这种恶劣昏君形象，用引经据典的方式升级大家对蒋介石独裁政府恶劣行径的认知和痛恨情绪，把其升级到一个历史罪恶感的级别，一定会引起公愤，所以这是一种升级结论的方式。

无论你要推广什么观点给对方，只要你能**就着自己的领域搬出更权威的言论**，往往比空口说更有说服力。

5. 总结引导夯实结论

为了更好地引导大家做决定，赵刚在大家都有情绪共鸣的时候，用了一句框式引导的话："每一个有良知的中国人都应做出自己的选择。"台下每一个人都是中国人，每一个人也都希望自己是有良知的，所以听完了这些话大家都很认同，都会觉得这位首长提醒得有道理，确实该做出自己的选择了。那到底该怎么选择呢？每一个人又都处于一个极度迷茫的状态。

接下来，赵刚就在大家极度迷茫的情况下表了态，这种**主动行为引导起到了关键作用**，给混乱的众人开启了一道曙光："我赵刚的选择是：要民主，要自由，推翻独裁统治，建立一个人民当家做主的新中国。"立刻掌声四起，因为大家内心突然不迷茫了，有人给指引方向了。

这就类似于在做销售的时候，把产品卖点、对方利益点都分析透了之后，成交前做个模拟成交。"如果我是你的话，我就……"，或者"既然你需要，今天又赶上活动，我要是你，我就……"这就是总结引导，夯实结论，通过主动引导，给晓之以理的工作收个尾。

晓之以理不是一个简单的逻辑分析的过程，只有通过**摆事实、讲逻辑、揭本质、引经典、做结论** 5 个思维的加固，才更有说服力。

05 | 利功：予之以利的方法

"天下熙熙，皆为利来；天下攘攘，皆为利往。"意思是说，天下人为了利益蜂拥而至，为了利益而各奔东西。看来司马迁先生写这些话时，就早已洞察人性。其实，哪个人没有一点逐利的本性呢？我们会为了自身的利益而劳累奔波，只是我们不愿说得那么直白而已。

先贤告诉我们，利益是人们的动力来源之一，可以促使人们做出行动。如何在动之以情、晓之以理的前提下，再予之以利，让人更容易行动起来呢？让我们一起来学习一下利功吧。

我将从两个方面来跟大家分析，第一个方面跟大家聊聊，为什么要予之以利，你需要了解它背后的原因。第二个方面再跟大家聊聊，如何做到用利益促使对方行动，这是予之以利的具体方法。先来看第一个方面。

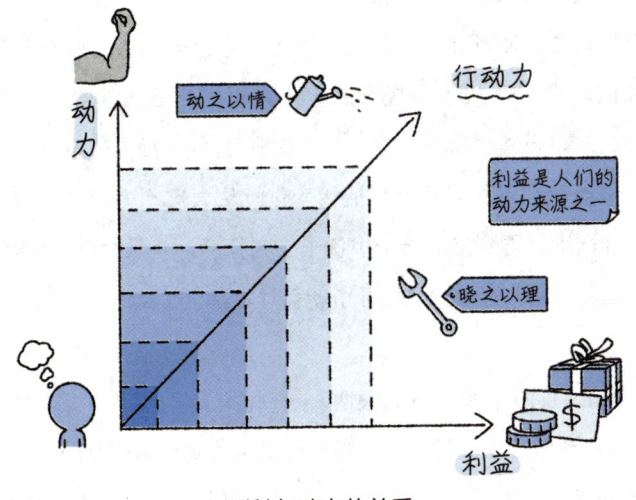

利益与动力的关系

为什么要予之以利

原因1：人类是会趋利避害的动物

趋利避害是人类的本能，天性使然，所以利益对每个人来讲都有一种天然的吸引力，这点毋庸置疑。

原因2：重赏之下必有勇夫

如果一个人有能力，却不行动、不积极、不负责，可能是利益刺激得不够。在用利益激励一个人行动的过程中，蝇头小利最多只能启动他的尝试之心，但很难激发他的决心和耐心。若想改观，我们就可以增大筹码，增加利益诱惑，让他的决心得到充分激发，从而愿意全力以赴，冲破一切阻碍，绝不放弃，坚持到底。

> "徙木立信"的典故在电视剧《大秦帝国》中演绎得非常精彩。商鞅在变法推行前，为了树立官府公信力，在国都市场南门立下一根三丈长的木杆，宣告百姓有能够将木杆搬到北门的就赏给十镒黄金。刚开始，老百姓都不信，也没人去搬。商鞅是很懂人性的，将赏金从十金提到三十金，再提高到五十金，最后到一百金，并强调"当下便做，当下兑现"。每次提高奖励标准，都能清楚地看到下面老百姓的情绪变化。从大家不为所动，到很多人蠢蠢欲动，再到最后一个小伙子立刻行动，全靠激励，"南门徙木"成功，自此秦国变法展开了新篇章。

原因3：人类有贪婪的劣根性

诈骗犯非常善于利用人的贪婪和恐惧来达到诈骗的目的，比如电信诈骗、非法集资、变相传销、赌场迷局等，正是利用了一些人贪婪的本性，给以高额暴利的诱惑，甚至伪造证明举出例子让人相信，从而将对方的赌性激发出来，使之最终赔得倾家荡产。

别说咱们普通老百姓容易受利益诱惑，这些年多少高官在反腐大潮中落网，不都是在利益诱惑面前没把住底线吗？说到底，也是**贪婪的劣根性在作怪**！在电视剧《人民的名义》中，农村出身的赵德汉巨贪两亿多元现金而不敢花，就是对人类贪婪本性极大的讽刺。

原因4：很多人喜欢占便宜而不是买便宜

举一个可能很多人都曾经历过的例子，去商场或超市购物的时候，若看到标价很便宜的东西，可能你的第一反应就是"这商品质量肯定不好，要么是淘汰货，要么是过期的产品"。但如果商品本身标价很高，并在旁边用一个醒目的牌子特别注明特价，跟原价形成鲜明对比，尤其是"限时特价""仅会员特价"等字样，就会吸引人的眼球和兴趣，给人一种占便宜的感觉，心想错过了就亏了。这是商家惯用的手段，像周年庆、双十一等，甚至现在网络购物随随便便都能搞出个特惠日的概念，每一次活动的**利益驱动都会让人很容易产生购物冲动**。

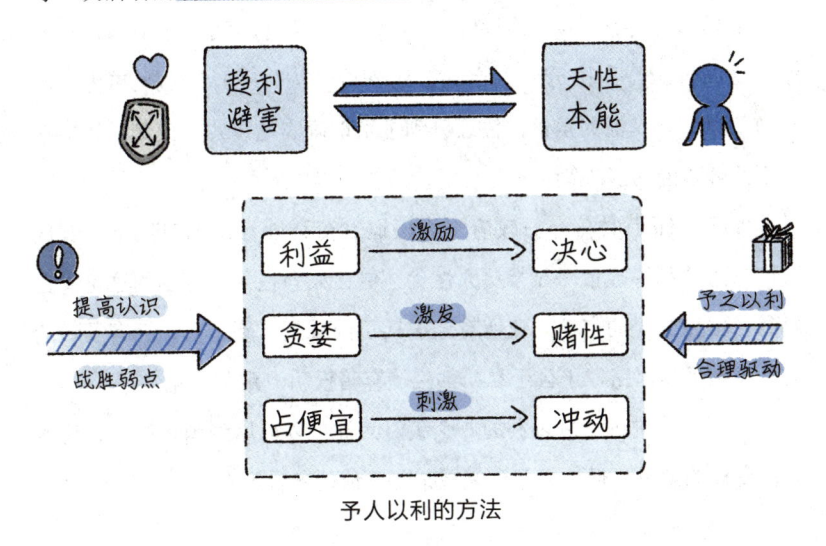

予人以利的方法

很多女孩都有这样的经历，看见街上有打折商店，便心痒难耐，不买也要进去逛一圈，逛了就很少有不买的；一到双十一，购物冲动就越发抑制不住。

其实这些都是商家结合人性的弱点，推出的商业策略。我们的应对之策，应是根据人趋利避害的天性，人在重赏之下的决心，以及人喜欢占小便宜的习惯等，**一方面提高认识**，战胜这些人性的弱点，抵御外界的利益诱惑；**另一方面学会予之以利的方法**，为了合理的目的去促使对方行动。

如何做到予之以利推人行动

赵刚在说服国民党俘虏兵时，首先做到了"动之以情，晓之以理"，然后就是"予之以利"了，他当时说道："弟兄们，你们中间有一部分人的家乡在我们解放区，你们知道吗？解放区的老百姓，正在搞土地改革，所有的穷人都分到了土地啊……"这就是利益。

现场有个俘虏兵，当时就站出来说："长官，我来自山东，我们家乡也在分田，我家分了八亩地，还分得一头牛呢！"这兄弟无意间充当了第三方见证的角色，佐证分到了土地确实是事实。此刻，还能有谁不信解放区的好政策？

尤其在跟当时蒋介石政府竭力压迫贫苦百姓行为的对比下，解放区这方面的利好政策，显得更人性化，更让人向往了。赵刚的这番予之以利且坦诚公开的言论，让所有俘虏兵仿佛看到了新希望，拥有了新动力，找到了新出路，于公于私，都应该弃暗投明，跟共产党走。

接下来我讲讲予之以利的**6个策略**，你可以应用到销售产品、让他人接受你的意见、促使人帮你完成某件事情的各种场合。

策略 1：价值塑造

在买东西的时候，人们付款之前会考虑的同一个问题是：**值不值**？

很多时候，人并不能直接感受到价值，所以就很难为其买单。但价值往往是被塑造出来的，这是一个非常重要的理念。很多时候，客户是感性加混沌理性的结合体，对客户而言，只要他觉得值，那就是值，是不是真值已经不重要了。有些好处，如果你不着重去塑造，对方根本感受不到。有时候虽然好处对所有人都是一样的，但是，不同的人塑造出来的感觉不一样，别人接受起来的难易度就不一样。

只要你能让顾客认识到："哇，超值！"顾客就算没钱，他都会借钱来买，不要怀疑顾客的购买力，只需提高你塑造价值的能力。

所以同理，我们在其他方面也要学会塑造价值。在我的另一本书《影响式销售》中，我将塑造价值的能力总结为塑功，跟大家分享了 15 种价值塑造的方法。在这节里我们首先需要记住的一个观念是：**价值是被塑造出来的**。

策略 2：零风险或负风险

零风险，就是**让对方不用担心损失和风险**，甚至相信所需付出的代价相较于能得到的巨大好处，都可以忽略不计。负风险，就是对方即使不能满意，但不会受损失，还能获得额外的好处。总之，就是给人足够的安全感和保障，让人可以更轻松更快速地决定。这就像不满意就无条件退换货的政策，甚至还补偿赠品，一定让你订单暴涨。

美国最大的卖鞋网站 Zappos 把零风险策略用到了极致，其创始人之一是美籍华人谢家华。这一网站上是这么写的："365 天之内，免费送货，免费退货！"看起来很傻的决策，却让他赚得盆满钵满。

因为消费者觉得：自己不用承担任何风险，彻底放心，从而在决定买与不买时能更快地做决定！有人统计过，每 38 个美国人中，就有一个人在这个网站买过鞋，他们的鞋现在每年的销售额超过 10 亿美元，这就是零风险承诺的威力！

零风险或者负风险，往往都是驱动他人无条件接受并毫不抗拒行动的重要因素。但一定要记住前提，就是你的产品或服务质量要过硬，否则因此增加的订单量还抵不上退单量，你就玩砸了。

策略 3：利益呈现

检验你是不是销售型人才的一个重要标准，就是你的利益呈现能力。利益和好处是两个级别，好处是通性的，利益是个性的，在上一节"理功"讲到的 FAB 原则有相关说明。

公司一般都有市场部和销售部，市场部往往负责好处的通性塑造，比如打广告。而销售部跟市场部是有区别的，销售部面对的终端客户中的每个人都是个性的，针对不同个性的客户，要挖掘不同的利益诉求点，这样对方才会感受深刻，有一种量身定做的感觉。就像卖电脑，面对商务人士跟面对追剧女孩，要有不一样的利益呈现。

所以，我们**要提高自己利益呈现的能力**，针对不同人说不同的话，塑造不同的个性利益。

策略 4：见证坐实好处

对方只有真的认为是好处，才会增强配合的动力。如何让对方感受到这真的是好处呢？我们最好不要自顾自地去说我们推荐的有多好，而是能够通过现场的第三方或者非现场的第三方来佐证。

现场的第三方，就是现场有人替你站台说你好，这个人对对方而言还得是有可信度的人，那什么叫非现场的第三方呢？比如权威的媒体报道、名人见证、授权文件、资质证书、荣誉锦旗等，这些都是可靠的非现场第三方，会增强你所言好处的可信度，从而增强对对方的推动作用。记住，你自己哪怕说一百句自己好，都不如可信的第三方说你一句好。

就像赵刚在说服国民党俘虏的过程中,俘虏兵中就有个人说"我家分了八亩地,还分得一头牛呢",这就是典型的第三方见证,立刻提升了赵刚所言之事的真实性,让所有人更相信解放区的政策是利好的,增强了大家靠拢的动力。

策略 5:赠品或优惠机会

刚才咱们提到了很多人都有一个习惯,就是喜欢占便宜,不喜欢买便宜。**相当于在便宜面前,只占不买。**

所以,你在最后成交的时候,若还能够附赠一个有价值的赠品,或者能够当机立断地给对方减免相关的费用,对顾客来说,这都会增强对方的满足感,并且这种利益的诱惑,往往会让对方快速地做最后的配合决定。

就好比临门一脚,对方已经方向明确了,但还有些迟疑,在他犹豫之时,你推出一个限量版的赠品,或者内部优惠券,给他独特的专属优惠机会,就相当于推对方一把,帮助他快速做出决定,下脚射门。

策略 6:增值服务

增值服务,就是在**原本超值的产品或服务之上,额外还能给对方提供的其他有价值的服务。**

比如我有广大的人脉,除了通过产品帮你解决问题,我还能帮你结识更多高价值的人脉,让你凡事都有贵人相助;或者我还有丰富的上游资源或下游渠道,可以帮你拓展事业;抑或是我还能凭个人某方面的专长帮你解决某方面的难题,甚至可以额外帮助你的至亲或至爱解决难题……这都是增值服务!能做到这种级别的销售,都是销冠型的,因为他这种人就是超值的。

一个人增值服务能力越强,增值资源越多,越有利于让顾客快速成交,因为这一般都是其他竞争对手无法替代的优势。所以我一直提醒大家，一定要想办法不断提升自己，不断提升自己的增值服务力。如果你的增值服务范围越来越宽，或者是足够深、足够广、足够专，总能够在给对方提供应有服务之外，再提供额外服务，那么这就是你的顾客选择你而不选择其他人的理由。所以，你要培养自己的核心竞争力，也要不断专注提升自己的增值服务力。

本篇讲的是利功，在你应用上述那些方法进行利益驱动之前，先要搞清楚：利益就是对方能深刻感受到的好处，不是只满足你的利益，而是双方利益都得到满足。相信以上这6个予之以利的方法，只要你**善加应用，就一定很容易促使他人行动，成为一个深度把握人性的交际高手。**

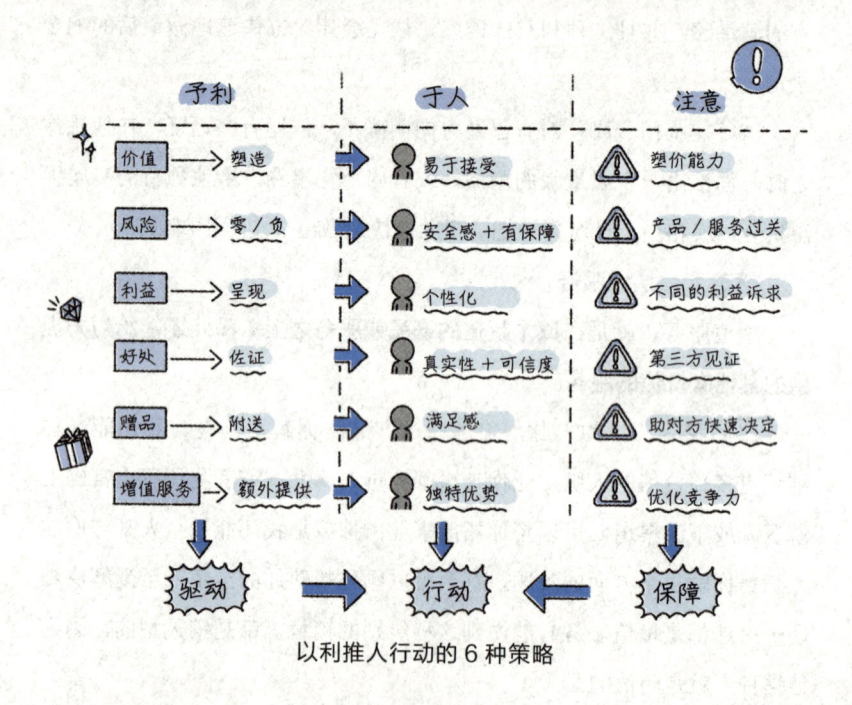

予利		于人	注意
价值 → 塑造	➡	易于接受	⚠ 塑价能力
风险 → 零/负	➡	安全感+有保障	⚠ 产品/服务过关
利益 → 呈现	➡	个性化	⚠ 不同的利益诉求
好处 → 佐证	➡	真实性+可信度	⚠ 第三方见证
赠品 → 附送	➡	满足感	⚠ 助对方快速决定
增值服务 → 额外提供	➡	独特优势	⚠ 优化竞争力

驱动 ➡ 行动 ⬅ 保障

以利推人行动的6种策略

06 | 胁功：胁之以失的方法

周星驰曾在电影《大话西游》中有一段经典台词广为流传："曾经有一份真诚的爱情放在我面前，我没有珍惜，等我失去的时候才追悔莫及，人世间最痛苦的事莫过于此。如果上天能够给我一个再来一次的机会，我会对那个女孩子说三个字：我爱你。如果非要在这份爱上加一个期限，我希望是一万年！"

其实，在人们面对失去这个问题时，相较于"失去后"的追悔莫及，"将要失去"的痛苦一点也不弱于前者。"将要失去"不仅让人痛苦，更让人恐惧。人对失去都有天生的恐惧感，正因为这是天性，所以，"胁之以失"在各种领域大行其道。

胁之以失的方法路径

这里要讲的"胁功",不是让你去恶意威胁,而是通过让对方有后顾之忧或有对失去的恐惧、担心,从而使对方快速配合做决定的一种方法,它是我们在人际交往尤其是在商业应用中很重要的一项技能。

下面,还是从为什么要"胁之以失"的背后原因和如何"胁之以失"的方法要点上给大家分享一二。

为什么要学会胁之以失

原因1:"胁"比"利"的驱动力更大

诺贝尔经济学奖获得者、行为经济学先驱卡尼曼和特沃斯基曾提过:人们白捡的100元所带来的快乐,难以抵消丢失100元所带来的痛苦。这被称为"损失规避效应"。大师在告诉我们:人们对"失"比对"得"更敏感。

不信的话,玩个游戏。下面就是行为经济学家为你准备的赌局游戏,敢来玩吗?

> ● 假设有这样一个赌博游戏,投一枚质地均匀的硬币,正面为赢,反面为输。如果赢了可以获得50000元,输了失去50000元。请问你是否愿意赌一把?请做出你的选择。
> 　　A. 愿意
> 　　B. 不愿意

从整体上来说,这个赌局输赢的可能性相同,是绝对公平的赌局。你会选择参与这个赌局吗?经大量类似的实验结果证明,多数人不愿意玩这个游戏。为什么人们会做出这样的选择呢?

这个现象同样可以用损失规避效应解释,虽然出现正反面的概率是相同的,但是人们对"失"比对"得"更加敏感。想到可能会输掉50000

元，这种不舒服的程度超过了想到有同样可能赢来 50000 元的快乐。

由此可见，相较于"予之以利"，"胁之以失"的驱动力更大！

原因 2：人总是害怕失去

罗振宇的跨年演讲曾提过一句话："不确定的失去，让人恐惧。"我们常有一种本能的倾向，会害怕失去自己已经拥有的东西。

没错，人总是害怕失去，比如害怕生病、害怕死亡、害怕犯错、害怕丢人等，人总是害怕丢失那些自己既得的美好，也害怕错失那些认为本属于自己的美好，抓住人的这一天性，我们就很容易利用"胁之以失"的方法让对方快速做出决定。

原因 3：人人都想要挽留失去

心理学家发现：相较于没有失去和已经失去的事物，人们往往会对那些即将失去的事物更加珍惜和渴望留住。

所以在现实生活中，如果你对人有价值，又能够制造出将要失去的局势，那么对方极有可能为了挽留或占有而急切地做出配合的决定，即使可能需要他付出一定的代价和成本。这种情况我们遇到的还少吗？

房产销售只需放出"限购"信号，就可以让购房者挤破售楼处大门；限时复价销售的网商只需在网站上打出每小时涨价 10%，每到时间节点上调一下价格，就可以让你每隔一小时进一下网站，直到你再也受不了涨价从而下单；股民们的"追涨杀跌"，总是让其赔多赚少，却很少有人做出改变；谈恋爱不也一样吗？对方越是有脾气，你却变得越是没脾气，对方越提分手，你越想挽留……

商业应用上有一种"小狗成交法"。

话说小明陪爸爸逛街，遇到一卖狗的老人，按老爸的脾气是绝对不会给小明买狗的。但老人是怎么把狗卖给小明的呢？老人看小明一直跟狗玩，喜欢狗，就直接大方地说："抱回家吧。"小明爸爸不愿花钱买。老人就说："没事，孩子就是一时高兴喜欢玩，今天我不收钱，抱回家先让他玩两周，说不定那时他就没这么高兴致了。"

小明在旁边一听，肯定兴奋极了，拉着爸爸就是一顿闹："爸爸，又不花钱，你就让我抱回去玩一段日子吧。"爸爸倒也觉得挺合理，就应允了。这一抱回家，小明是天天跟小狗形影不离，又给喂东西，又给洗澡，甚至还给小狗起了个名字，叫小白，俩玩伴关系好得甚至连睡觉都在一起。

终于有一天，小明家的门铃响了，一打开门，是卖狗的老人。原来是期限到了，老人要抱小狗走，那小明能依吗？毕竟跟小白都有感情了，拦不住老人，就只能找爸爸了："爸爸，把小白留下吧，我求你啦，以后我再也不要零花钱了。"那是哭着闹着也得把小白留下的节奏啊。

就这样，老人利用人们渴望留住即将失去的事物的心理，实现了完美交易。

由此可见，在商业应用上，如果你能给对方一定的好处并还能随时拿走，你就能左右对方的心理和行动。给点好处再拿走，往往让人更想拥有。

原因4：在稀缺时人更想占有

没有人不担心本该属于自己的东西被别人抢走，都不希望自己的利益、机会被别人占有，尤其在资源稀缺的时候，人往往占有欲更强。针对这一天性，我们就可以创造一种相对竞争的局面。本来只是向一个人推销，但你要设法把一人变成多人，当有更多的人来争抢眼下的东西时，就会激发对方基于占有欲望的购买行为。比如房屋中介让你看房时又约上其他人一同来看房，往往会促使你更快做决定。

在了解了以上这4点"胁之以失"的背后原因之后，我们接下来一起看一下"胁之以失"的具体方法和要点。

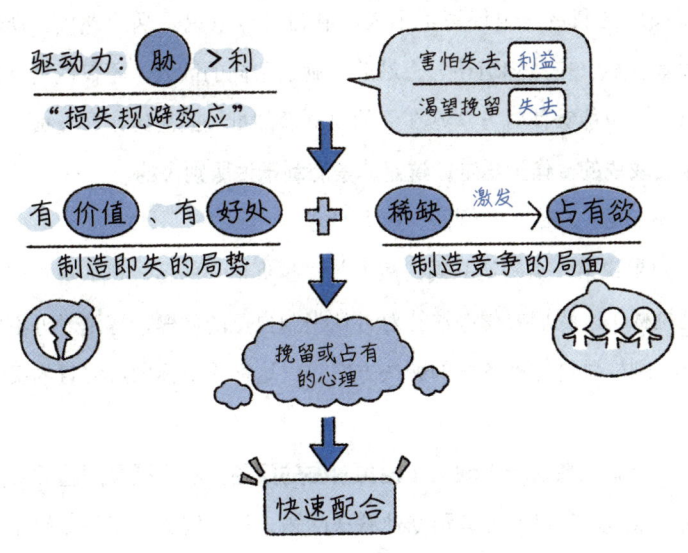

胁功驱动力的原理分析

如何做到胁之以失

赵刚说服国民党战俘的最后一个环节便使用到了"胁之以失"的方法，非常有效。在他让那位战俘认识到"你们家从此有盼头了，有了自家的土地，给座金山也不换哪"的时候，接着又制造了一个危机，设置了双方共同的敌人。他问那位战俘："可是兄弟啊，咱们有了自己的土地，人家蒋介石不干哪，想方设法要给抢回去，咱该怎么办呢？"战俘立刻义愤填膺地说出"那我就跟他拼命"的话，明显就是一条心了，这就是"胁之以失"达到的效果，轻松团结对方实现配合。

下面，我们来讲一下"胁之以失"的 5 个策略。

策略 1：制造共同敌人，团结对方

赵刚塑造了蒋介石独裁政府这个共同的敌人，通过对经济、政治等各方面事实的描述，让俘虏兵认识到：蒋介石独裁政府不仅侵害了国家民族的利益，也侵害了个人的利益，可以说是祸国殃民。所以，明白真相后，自然知道该怎么站队。制造共同的敌人，不仅能转移对方注意力，也能够使对方从站在你的对立面的批判式思维，转变成和你站在**统一战线的合作型思维，这是非常有利于说服别人的**。

策略 2：发现对方问题，拉拢对方

如果说第一点制造共同的敌人是"拉仇恨"的话，那么第二点就无疑是拉拢了。我们要想办法让对方认识到自己的问题，等到对方不知所措时，刚好跳进你准备好的解决方案里，这样就离你的最终目的又近了一步。

所以我们要**善于发现**甚至**挖掘对方的问题**，然后**提醒问题并且放大问题**，最后以自己的方式**帮助他解决问题**。举个例子，那些保健品的推销员还有化妆品的销售员，他们首先会给你说明你身体上某些潜在的问题，如果你不解决的话会演变成大问题，会对你造成多大的损伤，甚至在问题严重后可能需要巨额的费用来补救。这就是发现对方问题，拉拢对方共同面对，让对方快速决定。

策略 3：制造紧张氛围，把握时机

你可以通过引用官方消息让对方认识到机会很难得，比如刚才提到的房产销售引用政府的"限购令"，给你重新解读，让你着急购买；当然也可以通过你们内部的一些文件、政策，透底式地暗示对方快速做决定可避免损失；也可以通过现场其他抢购者的表现来暗示机会的确不多了，比如排队抽奖的人越来越多，让人觉得大奖很快就会被开出了。

这就是制造将要失去的局势，人往往因为一件东西将要失去而倍感珍惜，并且那种有**稀缺、限时、限量等限制条件的东西会显得更加珍贵**。

策略4：制造竞争，促人争抢

如果只有对方一个受众时，他可能总会犹豫，因为没有参考，心里没底，甚至不能强烈地感受到这个东西有多少价值，但如果你能够**制造一种别人都在争抢的氛围，他就更能意识到眼下的好处**。

你感受过限量版预订抢购的氛围吗？想想爱马仕的包包，即使二手也敢和店里全新的商品卖同一个价格，甚至比店里全新产品更贵。想要新款，请提前几年预订，不但贵到离谱而且还要限量发售。然而还是有很多人趋之若鹜，每一个买到爱马仕包包的人都欣喜若狂，不在朋友圈里炫耀一番简直对不起自己多年的等待。

还有经久不衰的竞拍行业，也是因为竞争机制，让参与者往往受氛围驱动，一样东西你单独看它的估价，跟你在竞拍时的出价往往有很大差距。另外房产或二手车的销售员也经常会使用这种手段，搬出你的竞争对手，让你快速做出非理性决定，这也算是给各位提个醒了。

策略5：制造稀缺，增加价值感

制造稀缺是指故意制造出产品或服务的稀缺性，对方在这种情况下更容易下决定。物以稀为贵，东西还是那个东西，但独有一份时价值就上去了。为什么商人都喜欢"奇货可居"？从某种程度上讲，这都是在迎合人们对稀有物品的那种天然喜好。

买东西时，我们有时候会进入怪圈，为价值不高的东西付出高额代价，而你愿付出多大代价，往往取决于你多想拥有它。

在商业应用上，如果你能创造出一种东西，令人们想要却又不能轻易得到，你几乎就能把握对方的心理。从某种程度上说，彩票其实就是这类产品。

到目前为止,"情""理""利""胁"的功夫,咱们都讲完了。动之以情让人感动、晓之以理让人信服、予之以利让人有动力,而胁之以失让人有紧迫感。望你能把这四节所涉及的思维和方法,不断应用到生活中,直到融会贯通,成为一个像赵刚那样的说服高手!

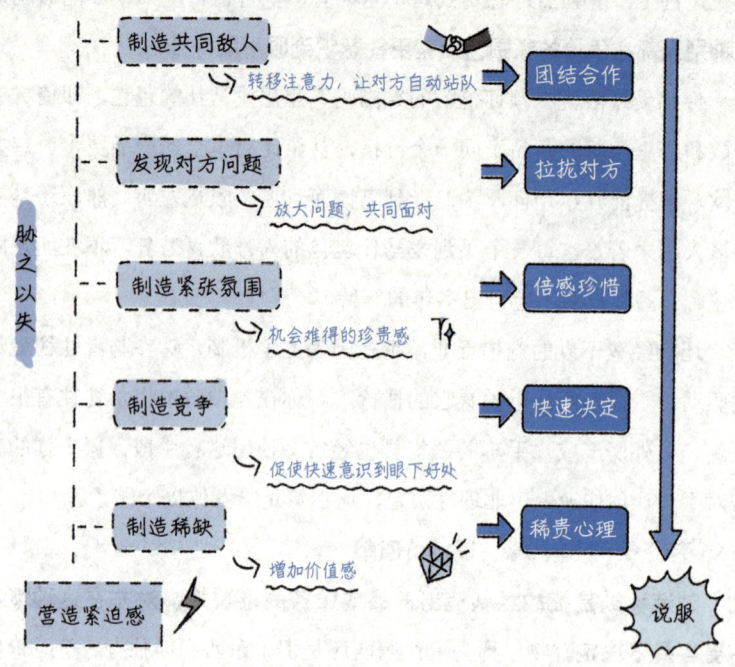

胁之以失

- 制造共同敌人 → 转移注意力,让对方自动站队 → 团结合作
- 发现对方问题 → 放大问题,共同面对 → 拉拢对方
- 制造紧张氛围 → 机会难得的珍贵感 → 倍感珍惜
- 制造竞争 → 促使快速意识到眼下好处 → 快速决定
- 制造稀缺 → 增加价值感 → 稀贵心理
- 营造紧迫感

→ 说服

"胁之以失"的5种策略

CHAPTER 2

第二篇

顺应人性才能让人跟从

07 | 诺功：借助承诺让人坚守

人们都有自动顺从反应，比如只要承诺了别人什么，就会习惯或倾向于做到所承诺的事。受社会环境的影响，我们都不喜欢自己被看作是前后不一、不守信用的人，也都习惯于通过一致性的保持，让自己更容易被大众所接受。

其实在社会心理学领域，承诺和一致的原理早已被无数的心理学家所证实。认知失调理论的提出者、美国社会心理学家利昂·费斯廷格曾强调："言行一致的欲望是人类行为的重要驱动力。"

正因为人们在承诺一致性上的习惯，所以，只要你能巧妙地让人认同你、承诺你，对方就会按照承诺来行动，从而达到你想让人配合实现的目的。

婚礼上，主持人会让一对新人当着所有人的面回答"你愿意吗"，并当众交换信物，你有想过背后的心理学原理吗？在你正式入职的时候，必须要确认一系列书面文件，并需要在深具契约精神的违约条款上签字，你有想过背后原因吗？我们加入一些优秀组织的时候，为什么要有仪

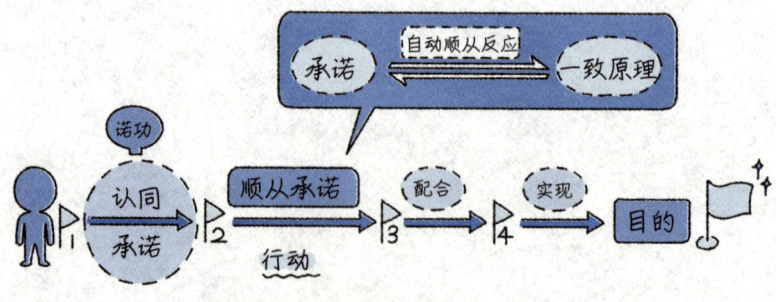

借助承诺让人坚守

式，要有宣誓等环节？创业初期遇到一个急缺的精英，你不仅不能给他配干股，还要想办法让他投资入股，这又是为什么呢？

当你了解了借助承诺让人顺从背后的原理和方法要点后，相信你就更能理解上述现象并更会迁移使用以上方法了。下面我将具体讲解"诺功"的5种应用。

诺功的5种应用

应用1：承诺诱导

它是指在你想要达到某种目的时，如果一步到位让对方做决定有难度，就可以先诱导对方做出点小表态、小承诺，对方同意后再增加要求的分量，以至于最终让对方同意你较高的要求。这种由小及大提请求的方法，是心理学中"**登门槛效应**"的应用。

● 1. 生活中

你有请人帮忙的经历吗？有没有想过怎么更轻松地让别人帮你忙，甚至是帮你大忙？在这里提两种方法：一是长期交往；二是短期交往。

先举例说明长期交往：我爱人和几位小区的宝妈，因为孩子而认识，原本陌生，后来互动频繁，不是一起拼个孩子衣服，就是一起约个户外出游，不是你送我份孩子辅食，就是我送你个孩子玩具……就这样，你来我往，逐渐熟悉，关系就在这频繁来往中得以升级，到后来，借个车、家里有啥事救个急，甚至是业务合作，都根本算不上事。

这告诉我们，**平日良性的小互动，会让大互动时更顺畅**。

虽然频繁的小互动能增强熟悉感和信任度，但这并不是本节要讲的重点，因为想让人帮你大忙，也许根本无须这么麻烦，下面来了解一下短期交往中一位朋友的做法。

这位朋友上学时就谈了好几次恋爱，女朋友一个比一个漂亮，可是他家境一般，学习和长相同样很一般。很多男生只会在他背后嘲讽鄙视，但如果有意观察一下他追女孩的过程，就会发现，他跟其他大部分男生不一样的地方是：他从来不会给女生献殷勤，而是会想方设法地让女生帮他忙，他与人交往的口吻中总带有"能不能帮个小忙"，就这样，从帮小忙逐步地过渡到帮中忙、帮大忙等。多次的反向帮忙行为，会让女生产生"心理认知失调"的反应，以前都是喜欢她的男生给她帮忙，现在却反过来了。当自己的行为和以往同类行为不一致时，为了消除心理上的失调感，人会自动地对自己的行为进行合理化解释："莫非我喜欢他？"反向爱慕，从此生根发芽。

由此可见，"能不能帮个小忙"的小承诺，只要善加应用，有可能给你带来意想不到的回报。

曾有一个实验，讲的是在人群扎堆的海滨沙滩上，如果你在暂时离开自己的位子时交代过旁边陌生人"帮我看一下物品吧，我去去就来"，哪怕连你的电话都没有，只要他答应你了，往往就能像保安一样帮你看物品。当实验中假扮成小偷的人去你位子处"偷东西"时，他都会加以制止。而如果你没有在离开时跟旁边人交代，那即使他看到小偷偷你的东西，也不一定上前制止，因为他没有答应过你，自然也就没有必须要那样做的压力。

这正应了心理学家西奥迪尼的一个理论，当你把一个人的形象设置在你想要的位置上，那么这个人就会自然而然地遵从一套与这一全新形象相一致的要求，而这一切，往往从一个承诺开始。

● 2. 工作中

在卖场中我们看中了某样商品，这时候店员可能会这样跟你说，"先生（或是女士），您的确很有眼光，不过这款已经被人预订了，是我们店里的最后一件。"听到这里，你是不是觉得如此畅销的东西更值得拥有？店员看出你的心思之后，就会接着问："您是真的想要吗？要是真的想要，我可以给经理打电话询问一下，看其他的代销店是否还有库存，如果有，可以给您调运过来，但是我得确定一下，您是真的想要吗？"

如果这个时候，你的回答是肯定的，那么基本上你离付款就不远了，因为一般店员这么说的时候，其他地方应该能调来商品，而他之所以这么问，就是在要你的承诺，你若给出承诺，除非调运过来的商品有大的问题，否则大概率你会付款购买的。这是卖场店员经常使用的一种销售策略，甚至有些时候明明有货，他们也说没有，并要取得你的承诺后才去确认，而所谓的"确认"过程，有可能就是花5分钟听首音乐而已。

请你记住：很多框式之下的索要承诺，往往让人很难反悔。你细细品味一下你曾经的遭遇，就知道承诺诱导有多实用。

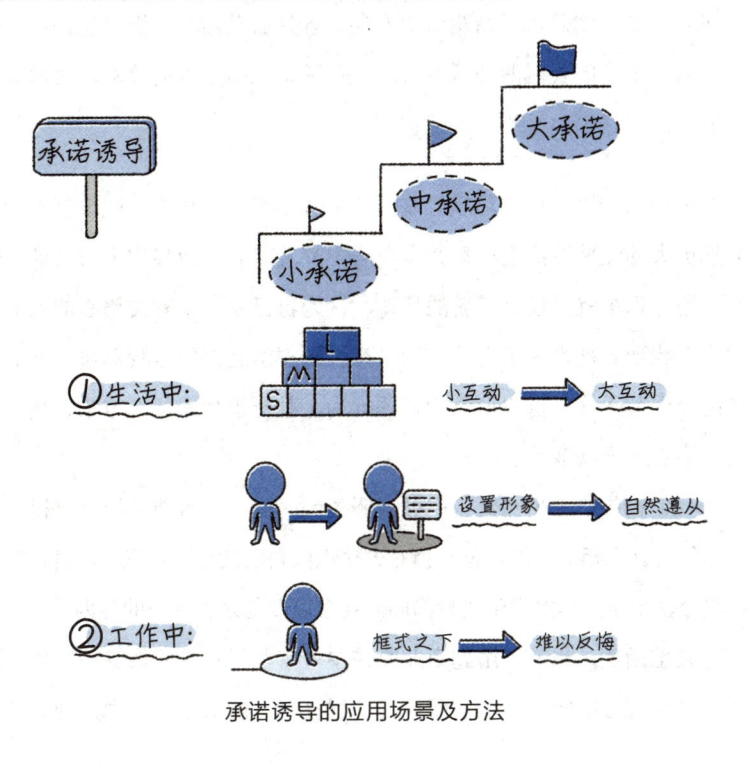

承诺诱导的应用场景及方法

应用 2：先虚后实

如果你一上来就向对方提出较为复杂、实实在在的请求，被拒绝的概率往往会很大，如果你能让对方先参与到跟你的配合中，哪怕是公益的行为，也会让对方最终更容易跟你交易。

> 拿一个美国社区调查的实验作为例证。在第一种情形中，社区调研员直接和社区居民商谈，能否在其家门口竖立一个警示安全驾驶的公益提示牌，并拿出模型图给居民看，多数居民会因为提示牌过于硕大或是影响光照而回绝；而在第二种情形中，调研员没有直接提出这个要求，而是先说服居民共同签署一些关爱妇女儿童、保护环境以及交通安全的公益联名信，居民们大都会同意这一请求，在此基础上调研员开始邀请他们参加各种公益活动，当居民们已经投入到很多的公益活动后，再向他们提出立提示牌的请求，大部分的居民居然都同意了。

为什么居民在保护环境等联名信上签了名，就乐意去做全然不同、分量更大的支持型决定呢？其实在居民签署联名信或参加公益活动的时候，潜意识里就已经有了新的认知，认为自己是一个有公德心的人，当对方自我形象被设定了之后，为了符合新塑造起来的自我形象，他们就更能接受基于这种自我形象的相关行为，甚至于后来要求越来越高，也变得不那么难以接受了。

我们在推广任何想法、产品或服务的时候，是否能够给对方树立一个与你的诉求相适应的形象？当对方认识到自己的这一种形象、身份时，自然会基于这一形象产生比较趋同的观念以及与之相呼应的行为。

先虚后实，也常被用到商业交往中。有些经过专业训练的销售，从不直接向对方提成交要求，而是强调假设自己能给对方提供某种好处、假设自己有增值服务、假设自己能够满足对方的全部需求，在这种假设的情况下，问对方愿不愿意听一听、尝试一下甚至做出选择。只要对方能先被他的假设吸引，愿意听他说下去，就算最后的结果不如假设，对方也更容易同意成交。这其实是一种假设成交的方法。成交向来都不是一蹴而就的过程，很多时候都是先要通过务虚的办法把对方抓住，你才有机会务实地解决问题。

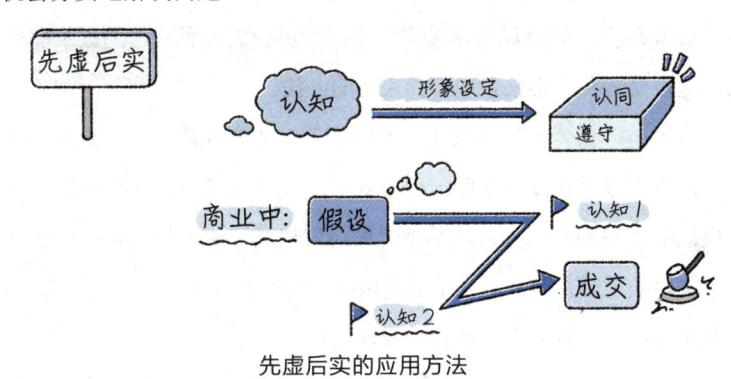

先虚后实的应用方法

应用3：书面确认

为了让对方能够更加坚定地兑现对你的承诺，并执行一致性的行为，我们最好能让对方把承诺落实在纸面上。文明社会都讲究契约精神，而书面文件往往是彼此约束的重要工具。把对方的承诺白纸黑字落在实处，对方就很难再反悔，只能想办法兑现承诺，如果不能做到，那么签字的书面文件至少能够使对方很有压力。所以，**书面确认是一个很好的约束对方的方法**。

写下来才是能约束的证据！这几乎在任何有关制约的事情上都适用。对方答应你的，你怕他忘、怕他抵赖，都可以让他写下来。比如：借钱时的借条、入职时签的协议、正式手续的签字，连团队分解目标都要搞个军令状，签字画押才行。

纸面承诺往往会让对方逼着自己尽力兑现，就像你的同事如果答应下午 5 点之前要完成某件事，那么你最好提醒他，如果没有完成将会有什么影响，或至少要有什么说法，其实这就是给对方一种压力，如果能够把给对方的压力落实到纸面上，那就更好了。在企业工作协同上，把团队分解的目标责任书直接白纸黑字地张榜公布出来，会对每个人都有约束和激发作用。

应用 4：公众承诺

公众承诺，就是让承诺曝光，用群众舆论之隐患和压力让人坚守承诺。 这也是一种非常强效的有约束力的办法。

有一位非常爱抽烟的女士，曾经痛下决心要戒烟，但一直都没什么成效，直到她的朋友给了她一个建议。朋友让她把自己要戒烟的消息告诉自己最在乎的那些人，她那个时候在谈恋爱，她不仅向自己的男朋友做出了口头承诺，而且立下了书面承诺，如此就形成了巨大的监督压力，她不想让那些在意的人失望，最后她成功了。

销售主导类行业也经常这样做。在大会上，鼓励队员上台喊目标，甚至专门录下来，有的还专门做了目标墙，放在部门最显眼的位置，进行公开展示。这种无形的压力，会起到极大的激发动力的作用，因为除了公众压力，上面还有自我约定的惩罚措施。现在你就该明白，销售团队为什么要常搞誓师会、动员会、表彰会等团建活动了。

除了约束他人，自我约束也是如此。如果我们有一些必须要达成的目标，不要只是把它藏在自己带锁的笔记本里，因为这其实是一种给自己找退路的行为，如果实现不了也没人知道，自己可以随时修改或是干脆放弃。所以，哪怕是别人看起来很夸张、很不可思议，但对你而言是不得不实现的目标，我的建议是，将它公之于众，尤其是那些你在乎的人，甚至是你的敌人、可能嘲笑你的人。当诱惑、激励都失效的时候，舆论压力的刺激也许更容易让人逼自己一把。

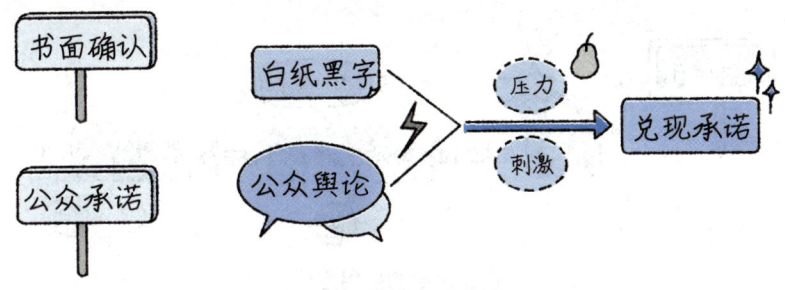

公众承诺的应用方法

应用 5：自主付出

美国曾有一个叫作"兄弟会"的组织，政府部门几次三番想要取缔这一组织，因为它入会的成人礼仪式实在是太残酷了。内容是持续很多天的各种非人性的折磨，包括挨冻、挨饿、挨打等身体和精神多方面的摧残，有些人真的会在入会仪式中死亡，但是"兄弟会"却一直很活跃，加入的人络绎不绝，这是为什么？难道有些人天生喜欢受虐吗？

不！这是因为所有经历过这些磨难正式入会的人，都觉得曾经的入会仪式使自己脱胎换骨了，是非常有意义的，这些曾经受过磨难，并且仍然有着自己坚定信念的人，会觉得自己曾经的选择是值得骄傲的，是值得推崇而不该被禁止的。**自主选择和付出的，往往让人更容易坚守。**

一个人不受外力影响的自主行为，会加强一个人的自主顺从意识，也更容易让他坚持做同样的事。要想让一个人更顺利地履行自己的承诺，最好不要给他造成太大的威胁，威逼利诱的确可以达成目标，这样而来的承诺，也容易引起当事人不情愿，或后期反悔。如果你能加以引导，让对方自愿自主地做出承诺，那么对方就会更容易坚持。

人们往往都不会跟自己过不去，在你想引导的方向，如果能让对方付出一定的代价或成本，他就更容易坚持配合，因为他不会让自己的付出白白浪费。就像创业合伙人，要拿真金白银来入伙，根本原因就在于

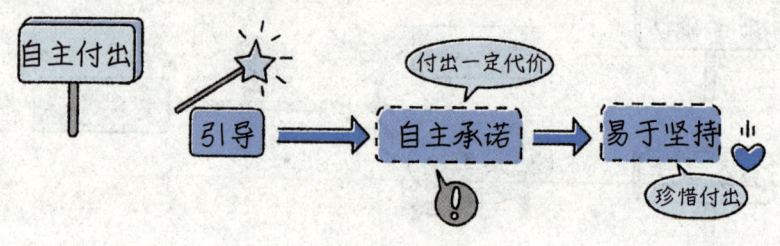

自主付出的应用方法

他在这件事情上做了投资,不想让自己的付出成为沉没成本,心理因素就会指引他做出更多的投资,无论是财力上还是精力上。这也是利用了人们承诺一致性的诺功思维的反应。

了解行为背后的人性,往往有利于你举一反三,触类旁通。诺功作为让别人做出承诺并坚持行动的重要一功,不仅可以让你管好别人,也可以让你管好自己,因为我们自己人性中也有劣根性。所以,**要想用在别人身上,先把自己的一致性坚守好。**

08 | 惠功：借助施惠让人反哺

"分人哺己"一直是我给大家强化的价值观，意思就是，把好的、对人有用的多分享出去，当别人受惠于此，会对你有一定的亏欠感，所以自然会择机反哺。在多数情况下，反哺而来的价值还会多倍于你分享出去的投入。借助施惠让人反哺的功夫，本身是很讲格局、胸怀、策略的智慧，却因实在太好用，也经常被人用来牟取不当利益。

● 你有被假扮僧人的骗子欺骗的经历吗？下面给你看一则司机停车期间的亲身经历。

假僧人："施主，您好，您别误会，和尚不是化缘，只是想跟您简单说几句话。"

司机："行，你说吧！"

假僧人："施主，我看您印堂发亮，面带光泽，请施主每天早晨起床喝一杯温水，今年6月至9月是施主您交大运的时候，您如果能把握住，您将持续9年事业顺利，并且之后富贵一生。"

司机：听后挺兴奋的，急忙道谢。接着，假僧人掏出一串佛珠递过去。

假僧人："施主，看您跟佛有缘，这个是送给您保平安的，您可以挂在车上，帮您逢凶化吉。"

司机：一听是送的，又有逢凶化吉的意思，就接过挂在车上，觉得还挺合适。

假僧人："一看先生就是向善的，咱们这个需要施主您给寺庙施舍点香火钱。"

司机：一听这个就不大高兴，不过假僧人很快就看出来了。

假僧人："施主，这个香火钱是您自己定，多少都可以，看您自己。"

司机：无奈之下，掏出10元钱来给他，那假僧人还挺不愿意。

假僧人："施主，这个不可以，数字需要30、60、90才吉利！"

司机："那我不要了，我觉得不合适，还给你！"

假僧人："施主，这个是不可以往回收的，善哉善哉！您看您给20元行吗？"

司机：为了快点摆脱假僧人，很不情愿地拿了20元给他。

结局：假僧人完胜司机。

借助施惠让人反哺

假僧人曾经遍布各地，而其行骗套路却大同小异。总是由浅入深地把你套牢，通过送你东西，激发你的亏欠负债感，再以寺庙重建等募捐理由让你出钱。只要你接受其"馈赠佛珠"，基本就意味着你会让他成功敛财，一串佛珠在淘宝网上的批发价才8毛钱，哪怕你最后就给20元，对于骗子来说也是暴利。

为什么人们容易被假僧人骗？主要是因为互惠原理在起作用。互惠原理可以简单理解为：人若受人恩惠便往往想着回报，你帮我个忙或送我份礼物，我就会情不自禁回帮或回送你，这样才会让彼此都舒服。暂且不讨论假僧人的伦理道德，就单从方法的有效性上，我们都应该了解惠功的具体应用，了解如何施惠于他人以获得良好人际关系及让他人反哺回报的智慧。

社会心理学指出，互惠原理在人类的社会交往中起着非常重要的作用。我们在由互惠原理而形成的礼尚往来系统中被无形地影响着，这也是人类区别于其他动物的独有特征，就像著名考古学家理查德·李基认为：正是因为有了互惠体系，人类才成为人类。

在这里，我通过 4 个方面去讲一下惠功的使用策略。

惠功策略

策略一：制造负债压力

一般来说，施惠于他人，往往会激发他人的亏欠感。这就意味着，一个人给了另一个人某种好处，不用担心它会成为损失。甚至由于一个小小的人情而造成的负债感，往往使得人们给以大出很多倍的回报。所以，在人际交往上，为了获得更好的人际关系，先行施惠的策略也常被人研究或使用。

小时候我在老家经常见到一种现象，逢年过节的时候，我们那有龙狮表演团，见到城里商业街上哪家店铺开张，就上前去给老板表演一番，老板看完了表演，就算再抠门，也都会多少给一些表示。还有赶上集市，常有耍猴、武术、杂技、魔术等表演。"有钱捧个钱场，没钱捧个人场"这句话大家都不陌生，待你过去后，人家的表演就已经制造了你的亏欠压力，你要一直看却一直没给钱，是不是也会感到很不好意思？

这也是地铁通道上两种人行乞结果一定不一样的原因，有些人只通过扮苦要钱而并没有给别人创造价值，有些人是靠唱歌等才艺表演而让人自愿给钱，前者算行乞，后者算卖艺，后者因创造了价值，从而也算制造了听众的亏欠压力，所以值得拥有更好的结果。

互惠原理还指出：一个人哪怕靠着硬塞给我们一些好处，都能触发我们的亏欠感。所以，有些别有用心之人可能会通过强行制造亏欠压力，让我们受他所控。之前我有一个女学员，跟我说她在一个单位里实习，很受老板器重，老板经常请她吃饭，甚至有时候会给她带一些小礼物。有一天这位老板到美国出差，问她想要什么礼物，她觉得很不好意思，因为老板的表示让她感到压力过大，她问我这种情况该怎么解决。

我说："很简单，既然对方提出了要给你礼物，你也不想因为拒绝而破坏了你们之间的关系，但你又不想被对方捎了比较贵重的东西而产生太大的亏欠压力，那就直接提出一个明确的小要求。比如一本低成本的原著书籍，在中国很难买到的那种，这个可能也就是几美元的事情。那么对方把这个礼物给你捎回来了，你就算有一定的亏欠感，那也还是好还的，因为代价很低。可是如果对方真的给你带回来一个非常名贵的东西，你若没办法拒绝，一旦接受了，就意味着未来有一天你要以更大的代价去还给对方，就容易被动，所以说，这就是我们平常和别人打交道时要把握的分寸。"

只要初心不坏，站在互惠的角度，我们平常还是要多做一些好事，多分享一些自己的好东西给别人，多对别人施以援手，这并不是在教你如何做人，因为这不仅仅是做人的需要，也是一种做事、处世应有的思维和风度。

策略二：创造回报机会

一般在商业应用中，我们不仅要去制造负债压力，还要去创造回报机会。因为在你给对方施以好处之后，对方在互惠原理的影响下，往往会有一定的亏欠感，而对方也不知道该以怎样的方式更好地去回报你。如果在你确实有需要对方的地方，能有效地给予明示或暗示，往往对方会更切实地根据你给的方向帮助到你。

当然，现实生活中也有一些这方面的反面现象，比如说向手握权力者送礼甚至行贿的现象，其实这些人也是抓住了人的互惠心理。请你吃饭、给你送礼、向你行贿……并且他还不担心自己白干，因为他料定了你会受互惠原理的影响，反过来帮他做事，所以他会用适当的方式明示或暗示请求，让你帮忙。虽然这是互惠原理在商业社交上的负面使用，但确实不可否认它的作用。

超市导购员总让你尝试用他们推销的优惠套装，保健品推销员给你先免费体检再推销，直销员先让你用试用装，回头上门回访时再让你下单，网络游戏先免费让你玩再找你收费等，都是在给自己创造回报机会。同理，你可以凭借无私的心态给对方多做一些事情，平常多待人好一些，那么你能创造的回报机会就是，当需要对方帮助你的时候，给对方一些明示或暗示。当然也得看对方的人品，人品不同，帮助你的程度会有所不同。但即使程度有所不同，人家反哺过来帮你的，往往都是你自己当下力所不能及的一些难题。

策略三：以小换大

生活中很多的现象都在给我们演绎着以小换大的互惠原理，只是我们很多人还没有把它培养成自己的处世思维。我列举几个常见的现象。

现象1：销售员先给你点不值钱的试吃试用的小赠品，也许就可以让你在亏欠压力下，到店里转一转甚至花上数十倍的价钱买店里的商品。

现象2：主管出差回来给下属送些有纪念意义的小礼品，就能增进与下属的感情，提高其对于工作的配合度。

现象3：求人帮助时常常就是送一份代表心意、投其所好的小礼物，就能让对方替你解决一个大麻烦。

曾经有个学生问我："老师，我们也在搞募捐，在搞义卖，但效果不好，您能不能给我们提一个好的方法？"我说这很简单，你不要只喊口号去叫卖,你能不能去做一些象征心意的小礼物来送人?哪怕只是叠一些纸鹤或一些爱心小星星等寓意好的东西来送。为什么这样就会容易成功?因为你们付出了劳动,让礼物产生了一定的纪念意义或价值,有利于一上来就建立好感。所以,只要见到路人,上来先送一份小礼物,对方若接受了你的礼物,你再跟对方提我们是什么义卖募捐活动,这样获得对方支持的可能性就增大很多,这比你在路口直接拉行人过来让他募捐的成功率要高得多。为什么?因为你先送礼物的这种行为,让对方产生了一定的负债感,而他想让自己好受就要通过一种方式去支持你,而在那种情况下,他唯一的方式就是买你的东西或者募捐。这就在告诉我们:小恩惠,往往有大反哺。

策略四:以拒为进

以拒为进,就是先让对方拒绝你的一个请求,从而产生一定的亏欠感,然后你重新提出一个小的请求,以让对方为了释放亏欠感更容易答应你,基本上提法是先大后小提请求。

比如,你想借钱的时候,如果上来直接提借 1000 元,很有可能到最后只借到 500 元,但你如果上来提借 2000 元,很有可能你借到的就是 1000 元。为什么?

因为你上来就提借 2000 元钱的请求,对方如果确实不想借你那么多,那他会说:"我现在手头有点紧,这方面确实不好意思了。"他拒绝了你,就会有感情上的压力,仿佛在你这里有了一种亏欠感一样。他要想释放这种亏欠感,自己都会提,"我最多只能暂时借给你 1000 元,你看行吗?"

好了,你这时候可以故作勉为其难地接受他的 1000 元钱,其实这才是你的真正诉求。所以在向别人提请求的时候也是一样,先大后小地提请求,这叫以拒为进策略。

> 曾经有一个心理学教授在马路上遇到了一个小男孩，这个小男孩追上教授跟他说："先生，在周六晚上有一场童子军的马戏团表演，我们现在正在卖门票，5美元一张，您看需要吗？"心理学教授对马戏团表演肯定是没有兴趣的，当时他就拒绝了。小男孩在被拒绝之后略显失落地说："那好吧，如果您实在不能支持我们这份工作的话，那您能不能买几根冰棍呢？我们也正在卖冰棍，这冰棍不贵，只需要1美元。"教授仿佛为了释放当时拒绝小孩时而产生的亏欠感，莫名其妙地买了两根冰棍。买完了他才发现自己根本不想吃。

这个心理学教授的故事其实也向我们证实了先大后小地提要求的可行性。那么在商业的应用上，在已经和对方成交了之后，如何从对方身上可以赚到更多呢？很简单，可以先大后小地去提一些要求："您能不能给我介绍几个客户？"但凡你提出来这样一个相对比较大的要求的时候，对方如果拒绝了你，就可以接着说："那您能不能介绍几个熟悉的朋友给我认识？"

只留下一个推荐压力的话，对方就会觉得"刚才我已经拒绝他了，都很不好意思了，最后提的要求也是情理之中的，那我还是支持一下吧"，所以最后你就比较容易索要到有用的推荐名单。

这样的话，对方转介绍的这些挚友，就免去了你重新开发客户的巨额成本，这也是一个非常好的商业应用。这就是先大后小地提要求，用以拒为进的方式，让别人更容易支持你。

谁都不愿意亏欠别人，但没有制造出亏欠感，就不会有互惠的发生。 我们要做的是，学会互惠的同时，甄别他人的目的，因人而异地对待。别人给你的好，若不会对你造成伤害，那就不妨接受。就像著名人类学家马塞尔·莫斯曾强调的:"人有送礼的义务,接受的义务,更有偿还的义务。"所以,不要因为有假僧人现象,就一概拒绝别人的好处,毕竟"水至清则无鱼,人至察则无友"。

希望你在现实生活中,能多做好事、多说好话,同时要多把自己的好东西分享给别人。养成这些习惯,你的人缘不会差;养成这些习惯,你在困难之时获得的助力也不会少。

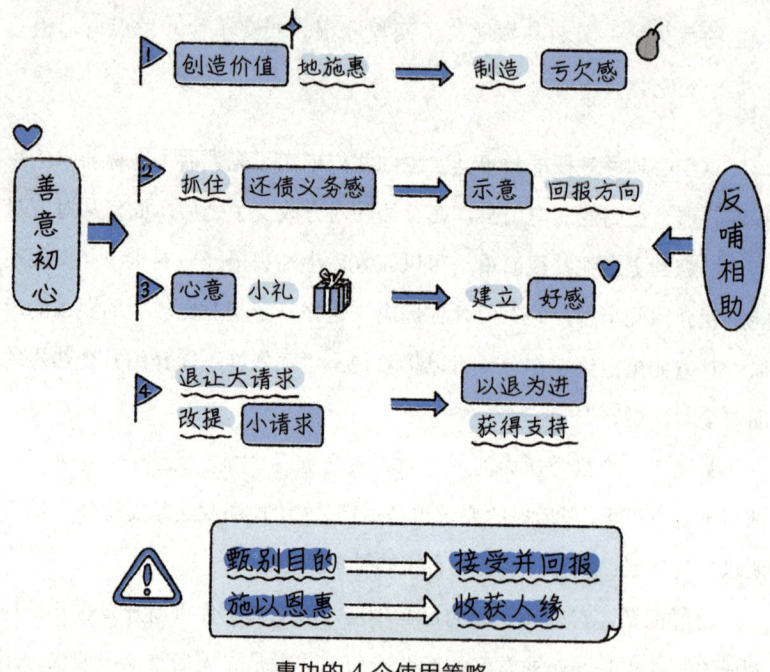

善意初心:
1. 创造价值地施惠 → 制造亏欠感
2. 抓住还债义务感 → 示意回报方向
3. 心意小礼 → 建立好感
4. 退让大请求 改提小请求 → 以退为进 获得支持

→ 反哺相助

⚠️ 甄别目的 → 接受并回报
施以恩惠 → 收获人缘

惠功的 4 个使用策略

09 | 境功：借助环境让人跟从

不管是在工作、生活，还是在消费、投资的过程中，我们都很容易受周围环境的干扰和影响。既然人这么容易被环境所影响，我们就可以借助环境，甚至虚拟环境，创造环境，以达到影响他人的目的。

同时，换个思考角度，我们也要**学会如何去防止别人利用环境来干扰我们**，以实现防身的目的。这就是境功。

境功的 3 种常见应用

第一方面：多元无知效应

● 1. 什么是多元无知效应

"多元无知效应"是社会心理学术语，其中心思想就是：**在我们对周围环境形势不很清晰时，我们最有可能参照并接受周围人的已有行为，尤其是相似之人很多时，哪怕这种参考本身是错的。**

比如在现实生活中，你一定遇到过老人摔倒了到底扶还是不扶的问题。那么为什么这样的话题会引起争议甚至已经上升到了道德层次的讨论？是因为我们很多人都很费解，在这样一种情况下，为什么人们匆匆走过甚至围观，竟然没有一个人愿意主动伸手去帮助一下摔倒的老人？围观群众为什么会犯下这么大的一个错误？难道只是因为怕担责任吗？如果真是怕担责任，可以让周围人给他现场录个视频，做个证，他上去帮忙完全没有问题。其实真正的原因不是怕担责任，而是人在面对不确定情形时，都会习惯性地参考周围人在做什么，其实在你参考别人的时候，别人也在从你身上找答案，直至不行动成为彼此最安全的决定。这就是典型的多元无知效应的体现。

美国曾经有一个让人匪夷所思的凶杀案，发生在一个治安良好的小区附近。当时，一个妇女被一个凶手追杀，她在大喊救命的时候，听到求救声的居民亮起了自己家的灯，凶手停止了追赶。没有想到这个亮灯的居民竟然没有选择报警，也没有采取任何其他的制止措施。这样更加激发了凶手的恶性行为，凶手再次冲上前去，向这个妇女行凶。后来又有人听到救命声，又亮起了自己家的灯，但是仍然没有采取任何行动。凶手更加肆无忌惮，直到最后凶残地夺走了女人的生命。

在这个案件中，最令人难以置信的是，凶杀纠缠的过程足足有半个多小时，有38名社区居民从窗户中看到了这一场景，却没有一个人采取行动，甚至连报警电话都没有打。

有心理学家推测，正是因为有那么多人都是在场的旁观者，才降低了旁观者对紧急情况伸出援手的可能性，因为每个人不这样做的责任就减少了，同时，一群人面对不确定的紧急情况，往往会不觉得有那么紧急。就像你听到邻居家的咆哮声，你也不确定是需要报警的暴力打斗，还是夫妻俩的吵吵闹闹，这种时候你观察到其他邻居没反应，就自然让自己也保持静默了。凶杀案中的邻居观察到其他亮灯邻居的不作为，也会认为这件事情应该没有那么严重，所以，大家都这么认为，就都没有采取行动。这正是多元无知效应的典型反应。

多元无知效应，简单讲就是在不确定的环境下，人人都习惯于看别人怎么做自己就怎么做。其实在你观察别人怎么做的时候，别人也在观察你怎么做。你在从别人身上找证据的同时，别人也在从你身上找证据。这样参考而来的决策让当事人心安，但绝不够科学。

● 2. 多元无知效应的两个前提

多元无知效应其实在我们现实生活中有很多方面的体现，那么，多元无知效应在哪种情况下比较容易发生呢？有两个前提，如果这两个前提同时具备，多元无知效应就会影响人做一些并不见得明智的决定。

前提1：环境的不确定性。比如初入大学的学生，头一次来到一个陌生的地方，而对陌生的环境，不知道大学应该怎么上，这就是环境的不确定性。

前提2：人群的相似性。人群的相似性，就是当时情境下遇到的一群人跟我们一样。

举例说明：在街头遇到老人倒下，有些人为什么不愿意主动上前去帮扶？就是因为这种环境是不确定的，我不知道到底发生了什么，我不知道他到底是什么情况；更重要的是，跟我一样的人特别多，我看到的是大家都站着围观，所以我也只能站着看。这就是多元无知效应的体现。

● 3. 多元无知效应的应用

其实多元无知效应的应用，早已遍布我们生活的方方面面了。

逛街买东西的时候，往往是人越多的地方，就越是有人往里挤；越是有人在那喊在那抢，就越是有更多人不由自主地加入抢购大军……有些酒吧晚上营业前让人在外面排队也是一样的道理，哪怕开放一些免费来玩的名额，对酒吧来说也是划算的，因为这些为了免费玩而提前来排队的人，会给所有路过者一种"这里很受欢迎"的暗示，从而招揽更多人来这里消费。

看真人秀综艺类节目的时候，只要后期制作加入一些喜感音乐或喜剧特效，包含众人哈哈大笑的罐头笑声，都会让你觉得节目更好笑……

在大部分展销会的现场，只要产品介绍完毕，到了鼓励客户签订单的环节，在主持人刚说完现场预订的好处和限制性条件之后，具有紧迫感的音乐会立刻响起，现场的工作人员也会立刻像吵架一般制造一个为你争订名额的氛围，看不懂的人便容易受环境影响而匆匆做出决定……

其实，如果用心去思考，无数的案例都可以给我们带来启发，那我们该如何结合多元无知效应来灵活应用呢？很简单，抓住这种效应的两个滋生条件就可以了。

（1）**制造不确定性**。就是要让对方置于意识到问题却不知如何解决问题的状态。比如你为了推广一个解决方案，就要先让对方认识到某个问题很严重也很有必要解决，但你并不直接给出解决方案。

（2）**拿相似性群体来影响对方**。在对方意识到要解决问题却不知道怎么做时，你举一些跟对方背景相似的人是怎么做的例子，这就自然给对方提供了可供参考的依据。

我们在前面的情功、理功、利功、胁功章节都提到了《亮剑》中赵刚说服俘虏兵的片段，通过摆事实的方式让所有俘虏兵认识到问题后，他提出"我们每一个有良知的中国人，都应该做出自己的选择"，这就制造了一种多元无知效应，因为每个人都知道要做选择了，但每个人都不知道要做出什么样的选择，大家就比较容易从现场找答案。而此时赵刚又给出一句，"我赵刚的选择是……"，这样的选择就会成为现场大部分人最容易趋同的选择。其实这也涉及第二个方面要讲到的"主动行为引导"。

第二方面：主动行为引导

我们不仅要学会制造多元无知效应，还要学会防范和利用多元无知效应，以实现自保或达成目标。主动行为引导，就是在对方处于多元无知效应的迷茫状态之时，用换位模拟的方式，主动给对方呈现一种选择，使其跟随你所给予的引导方向，达成目的。这就相当于在人迷茫之中给予曙光。

主动行为引导，也适用于多元无知效应中的自救行为。如果未来有

顺应人性才能让人跟从

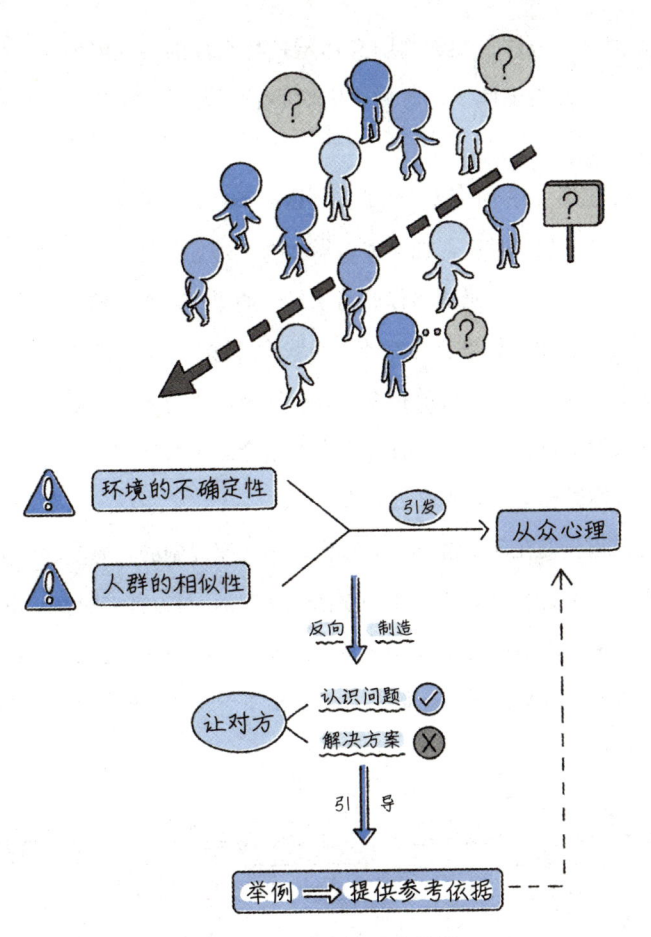

多元无知效应的两个前提

一天，我们身处危机局面，你成了那个被围观的摔倒在地的人，若是你不会明确地进行主动行为引导，那么别人在多元无知效应之下，有可能同样会采取冷眼旁观的方式，从而让你错失最佳的获救良机。

那我们该如何防范这种情况呢？教你一个简单的方法——**发出明确的指令**。当我们遇到危险的时候，不要让周围不明确情况的人在那猜，你要通过简洁的语言或动作告诉他：你是什么情况，需要他怎么做。

你可以把这种方法告知你周围身体不是特别好的亲人或朋友，假如他真的有一天在街上散步的时候，突然心脏不好受，在那一刻要知道该怎么办。

不要在那大呼小叫或一声不吭，这都不是最好的方式。因为别人不知道你具体发生了什么，他具体该做什么。那你要做的就是直接指着离你最近的某个人，明确提出你的请求，比如"穿蓝衬衫的小伙子，请你帮帮我！我左侧口袋里有一瓶药，帮我拿一颗出来，同时拨打120。"这就是向对方下具体明确的指令，只有这样，对方才不会因为犹豫、猜测错过救援的最佳时机，并且对方会在指令之下有一定的压力，驱动他快速配合你做一些在你要求之下的动作。

还记得我们在前面讲诺功的时候，跟大家提到的在海滨沙滩的实验吗？那个实验是给别人提出明确的请求指令，让对方替你照看一下物品，哪怕你们之间是陌生的，对方只要答应你的话，往往都会坚持做一个保卫者。那么在特殊情况下，你给对方发出了一个明确的指令，往往也会

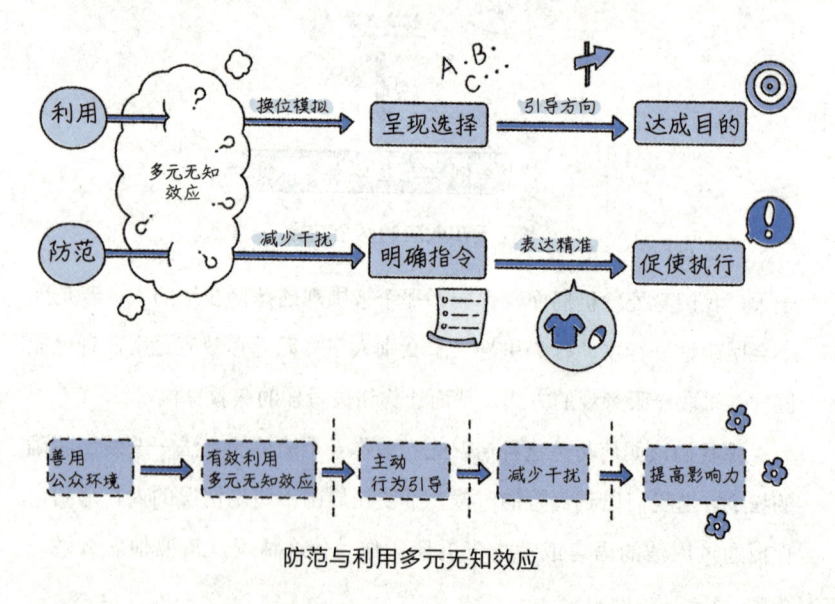

防范与利用多元无知效应

起到给对方造成压力让对方趋同执行的一种效果。

所以，即使在危机时刻，我们也要善于应对多元无知效应，我们可以**表达精准，明确需要别人怎么帮助你，减少别人的不确定性**。

第三方面：减少干扰因素

当你给别人发出明确指令的时候，其实就是在减少其他周围因素的干扰。在不确定的环境下，人们才容易从相似的人身上找答案。如果有人提前明确了答案，就自然打破了原来的不确定性，周围的人自然也就不会花时间去观察别人是怎么做的。

紧急情况下，该明确而不明确指令的话，围观的人越多，越多的人就在充当着干扰因素。

现实生活中，这些方法也适用于商业，比如在看喜剧类节目时，你经常会听到一些罐头笑声，所谓罐头笑声就是到了一些笑点环节，它就会同步播放"哈哈哈哈"这种很多人在发笑的声音。它主要通过很多人发笑的虚拟环境设置，为你营造一种感觉好笑的氛围。人的潜意识是很"傻"的，它接收到什么，就会反应什么。在罐头笑声之下，如果你还不觉得好笑，仿佛就不够从众，不够入流，不够跟更多人同步。所以一些使用罐头笑声的喜剧作品，往往会提高荧屏前观众对喜剧效果的评价，罐头笑声也是一种用来借助营造环境的主动行为引导。

再比如我们在剧场听相声或者看话剧，有些剧场经常会安排一些鼓掌的托、起哄的托来营造氛围，他们这些人穿插在观众当中，到了一定的环节，他们就会带动氛围，会带头叫好，会带头鼓掌，有了这些人的带动，观众往往会觉得这个节目确实很不错，这也是一种多元无知效应在商业上的应用。无非就是将罐头笑声的设计换成了现场版的表现，鼓掌、欢呼和播放出来的笑声都是在**借助环境的影响力**。

很多营利性质的商业场所，比如酒吧、商超等，也经常会安排排队这样的环节，制造一种商品很受欢迎的效果，并且排队买到的东西往往让当事人觉得更有价值。这就是靠环境影响人。

其实做一个简单的实验就知道人多么容易受公众影响。你如果联合三五个人站在路边，朝天空凝望，就会发现有人经过时都会朝你们望的方向看一看，甚至有些人会停下来加入凝望天空的人群中。其实你们什么也没看到，但是会有更多的人受影响参与进来。

传播学大师沃尔特·李普曼说过："在人人想法都差不多的地方，没人会想得太多。"既然如此，**我们就要学会善用公众环境的影响力，有效利用或创造多元无知效应，明确坚定地采取主动行为引导，并尽可能地减少干扰因素**，借力使力，提高影响力。

10 | 型功：借助造型让人听服

众所周知，头衔越大的人，越容易被视为权威，越是外在形象专业的人，越容易让人信服。比如穿着白大褂的人向你问病情、开处方，穿着警服的人向你盘问取证，不管他是不是真的医生或警官，你都会很配合，甚至会有点紧张、有点弱势，这是源于他们用表现出来的外在造型就能轻松影响你。

还有现在的美容院和药店，当美容师穿着护士服给你提供服务的时候，好像就更专业了；当药店的工作人员穿着白大褂给你推荐药品的时候，好像就更权威了。其实想一想，美容师和药店工作人员有可能并不是护士和医生，但当他们穿上护士服或白大褂的那一刻，他们就会给你留下一个专业且权威的印象，而这种印象会让你更容易顺从。

这些都是现实生活中型功的体现。型功，即通过外在身份形象影响他人的功夫，用通俗的话来说就是如何通过适当地"摆造型"去影响他

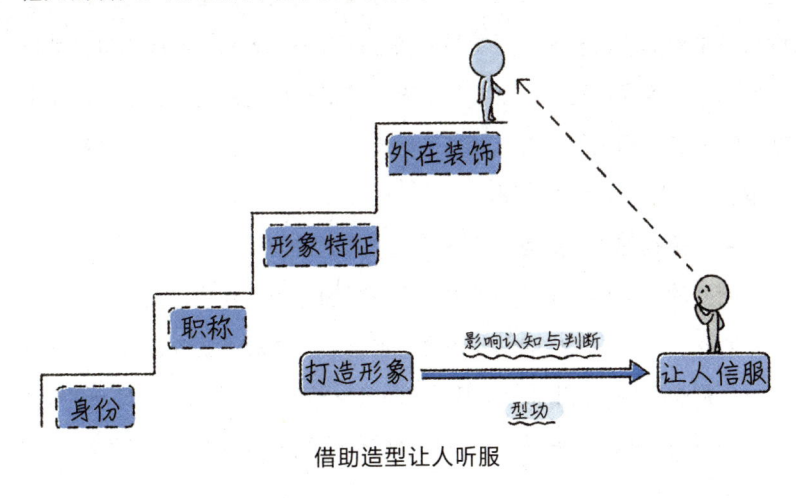

借助造型让人听服

人对你的认知、判断和信任。

其实人与人之间的社交本身就不是一种纯粹的自然人之间的交往，而是已经被社会化后的交往。大家往往会不同程度地包装自己，每个人的身份、职称、角色都不一样，具体到每个人的形象特征和外在装饰也都不一样，但是我们很多人没有注重一些包装的关键点。

所以我们在这一节里要跟大家好好聊聊如何有效地包装自己，有效地"摆造型"影响他人。在此给大家介绍型功的3个应用策略。

型功的应用策略

策略一：身份头衔

身份头衔向来是很容易影响人的因素，很多时候甚至比当事人的内在品质更能影响他人。就像你和一位新认识的朋友聊得正兴奋，如果得知他是一名某方面的专家泰斗，你还能那么自如地和他谈天说地吗？是不是会怕显得轻浮而毕恭毕敬起来？这都很正常。

人们通常比较容易受权威影响，而头衔既是最难也往往是最容易得到的权威象征。难，是因为真正的职称头衔从获取角度说，往往需要通过艰苦卓绝的努力和非常严苛的考核才能获得；容易，是因为自己给自己贴标签很容易，这个社会到处都充斥着形形色色的包装。所以，如果你能够把自己相关的职务或者身份地位往上提一提的话，那么你将很容易借助这种影响力让人信服。

● 1. 头衔越大，越有影响力

同样的一句话，不同的人说出来，对别人的影响往往就不太一样。比如创业这件事，同样的创业理念，被一名普通的创业者说出来，就不如著名企业家马云说出来有说服力。马云曾经说过一段被奉为经典的话："今天很残酷，明天更残酷，后天很美好，但是绝大多数人死在明天晚上。"

我们仔细琢磨一下，他不就是在告诉你"坚持很重要"嘛。我相信强调"坚持"的话你绝对听过千百遍，那为什么马云说完对人的影响那么大？他其实是把话语进行了重新包装，更何况一个已经成功的有名望的人，说话都会自带光环，所以他的话语影响力就会更大一些。越是公众人物越不能随便说话的道理就在于此，因为有导向公众的隐忧。在电影《蜘蛛侠》中，蜘蛛侠的叔叔曾经告诉他："你的能力越大，你的责任就越大。"因为你的能力越大，更多人会信赖于你，所以你的一言一行都会有巨大影响力。

● 2. 头衔越高，越显得高大

心理学家西奥迪尼总结：头衔不仅能让陌生人表现得很恭顺，还能让有头衔的人在别人眼里显得更高大。

通过下面的例子我们发现，现实生活中越有名望的人，越有权威的人，越有身份或者头衔的人，越会给别人一种高大、不可轻视甚至不容置疑的形象。

一所学校安排了一位英国剑桥大学的访客在5个不同的班级进行巡讲。在不同的班上，访客被介绍成不同的身份。走进第一间教室时，他被介绍为剑桥大学的学生；走进第二间教室时，被介绍为剑桥大学的助教；走进第三间教室时，被介绍为剑桥大学的讲师；走进第四间教室时，被介绍为剑桥大学的高级讲师；走进第五间教室时，被介绍为剑桥大学的教授。当他离开教室后，研究人员让不同班级的同学们评估他的身高。结果发现，他的身份每升一级，他在学生眼中的身高就提高1.27厘米（半英寸），他被介绍是教授的时候足足比被介绍是学生的时候高出6厘米多。

● 3. 头衔越高，越有公信力

很多人到达一定高度之后，会参加相关的大赛给自己增加一些头衔，或者加入某些组织给自己带来几个不一样的身份。为什么要这样做呢？因为在权威的组织里做事，意味着你能接触到更优质的资源，并能调度更多的资源，这种基于位置的实力感，往往就更容易让人主动亲近。

在古代，有些商人把生意做到一定程度，就要给自己买个一官半职的身份。因为他们知道，越有头衔权力，就越有资源，越有资源，就可以让生意做得越大。虽然这种现象我们觉得有一些负面，但是你要知道之所以这种现象普遍存在，是源于这样做能提高人们的公信力。

策略二：专业形象

如果说策略一在告诉我们"是不是权威靠实力，但至少像权威就容易让人信服了"，那么策略二就在告诉我们"是不是专业靠实力，但至少显得专业就容易让人信服了"。就像开篇提到的那样，被穿制服的人询问时，我们都是自动服从的。由此可见，人是多么容易被影响。

> 有个这样的心理学实验，一个穿着白大褂像医学专家的人（其实他只是个实验室老师），把参加实验的志愿者分为两组，双方都知晓对方是志愿者，然后安排一组向另一组提问。如果回答问题的一组志愿者回答错误的话，提问者一组就要按下电压按钮对其进行惩罚，每错一道题都会翻倍地往上调一次电压。这种情况下，答错题的量如果到一定程度的话，惩罚的电压就会超过人的承受范围。
>
> 刚开始答题的志愿者答错题的时候，提问的志愿者按下电压按钮时还没有太多的心理负担。越到后期，随着电压的升高，提问者就越不敢按这个电压惩罚按钮。但是在他犹豫是否再按电压

> 按钮的时候,他会瞅一眼旁边那个穿着白大褂的"医学专家",只要"医学专家"点头,他就会再次按下去。甚至答题的那个人已经表现得极为痛苦,呈现快要昏死的状态,他只要听到专家"错了就要按下去"的指令,就会违背人性地再次按下去,即使他知道再按下去所增加的电压已经超越了人可承受的最大值,他仍会顶着巨大的心理压力,按照专家的指令残忍地按下去。为什么?

因为提问者会对穿白大褂的"医学专家"有一种职业角色上的信任,他相信只要是专家给他的暗示就一定没有错,甚至不惜违反人所能承受电压限度的常识。所以,专家形象往往会让人自动服从。幸亏答题的志愿者只是实验方安排的一些善于表演的演员,并没有连上真正的电压线,否则真要被提问者"服从权威"的习惯给害死了。

这也印证了我上面说过的观点,如果你没有权威的身份头衔,那至少你要表现得像个专家,很专业,这样才容易影响人。有些职业形象本身就自带说服力,所谓专业形象,就是要干一行像一行,至少要看起来显得专业,才能更好地影响他人。

不少广告也这样干,比如牙膏、儿童药或者食品类的广告,常常会给拍广告的人穿上白大褂,用一种医学专家在实验室给你做分析或者提忠告的场景来影响你。

虽然我们可以在外在形象包装上做些努力,但从长久角度,还是要看你是否真的专业,这是一个"专家才是赢家"的时代,**只有真正专业的高手,才能更深远地影响他人。**

策略三:外在装饰

讲一个我的学生亲身经历过的一个骗局。他是一所211高校的在校生,应该说智商没有问题,但最终还是被人骗了。当初他去上海参加了一个成功学论坛，在会议间隙接触到一个人，这个人从穿着打扮上一看就是成功人士，当时身边围着其他人，我这个学生一听那人说的话，就觉得他是一位很有学问的人。他首先是通过外在的穿着影响我学生的认知，后来我学生是怎么被他骗了呢？那人当着周围人的面说了一些看似高深的话，也吹了很多牛。他说："我每年在北京只招收10个弟子，闭关密训，如果你们想做我徒弟的话，可以到北京，我教你们一些秘不外传的生存能力，不过呢，1万多块钱的收徒费还是要准备的。"当时这名学生就特别激动，他说当时周围好几个人都争着要那人的联系方式。我那学生本身没什么钱，后来竟然借了1万多块钱给那个人打过去了，等到暑假跑到北京之后发现那人竟然住在地下室，其实只是一个"北漂"，才知道自己被骗了。最后他也不懂怎么维权，就不了了之了。而这个学生的遭遇，也在提醒着我们更多的年轻人，社会上还有很多穿着华丽却妖言惑众的人要防备，他们很可能就抓住你没怎么见过世面这一点牟取不当利益。

多年前，我也在火车站经历过被人外在装饰影响的一幕。当时我刚出站不远，突然后边急匆匆走出来一个穿得很像成功职业女性的人，她看起来30多岁，穿得很时髦，身上挎着的那个包我觉得就得值上万块。但是她和我说了一句："您好，我钱包被偷了，现在着急赶路，刚才我借了一些钱，您方不方便再借我20元钱，我就差20元钱就能买到票了。"

当时我根本没多想，人家穿得很好并且光一个包都要值上万元，肯定是遇到困难了，所以没有犹豫就拿出来钱给她了。给完之后没走十多米，我突然觉得不太对劲，回头一看，那女的还在附近转悠呢。后来我才知道，这就是社会上的一种行骗手段，这些人不会像我们在地铁上见到的那些乞讨者，一次也就要个一两元，而这些人很可能一次性就要个20元、50元，他给你的第一印象就是一个丢了东西的成功人士，他需要你的帮助。

由此可见，体面的衣着装饰，让坏人看上去都能像好人。

外在装饰还包含代表身份特征的装备配饰。比如我们平常开车可能会碰到这种情况。遇到堵车时，如果你开的是一辆一般的汽车，变灯后你发动慢了，后边的人会很不耐烦地对你鸣喇叭，但如果你开的是一辆好车，变灯后你可能停个两三秒还没有启动，后边的人一般情况下会对你有耐心并不会狂按喇叭。这就是装备配饰对人的影响。

这也是现在一些创业当老板的人在他刚赚到钱的时候，即使不买房也要给自己买辆好车的原因，甚至有些人喜欢买二手的名牌车，比如电视剧《欢乐颂》中的王柏川就是不惜成本租了一辆好车，为什么？开个宝马出去谈生意，肯定比开个夏利更让人觉得踏实吧。樊胜美买一些名

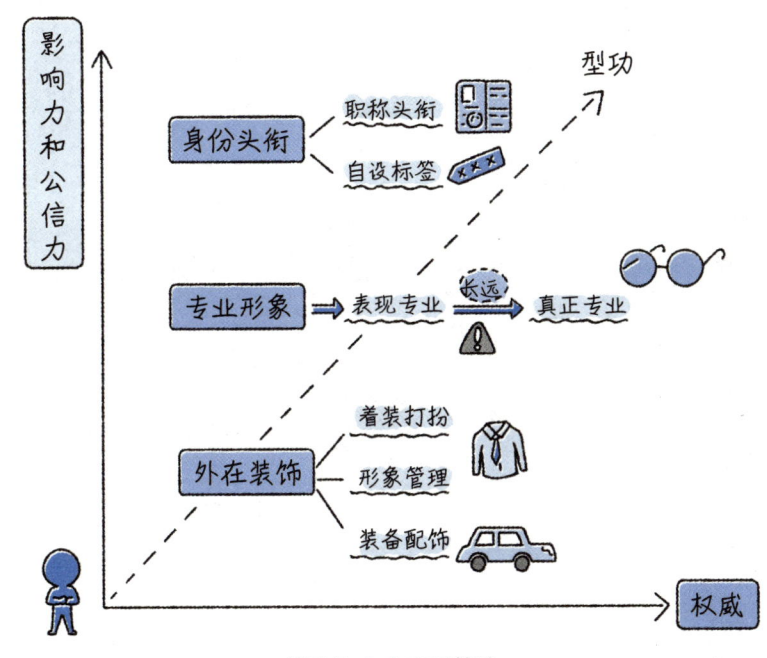

型功的 3 个应用策略

牌包，就是因为这些昂贵的配饰能为自己的信任力增值。有些人拿车扩大影响力，有些人拿配饰扩大影响力，比如饭局上聊天经常会蹦出"上回在我的别墅里怎么怎么样""我有一个好朋友是某方面专家""我们联合某官方部门搞了什么活动"等话语。有没有发现，只要把看似高大上的东西和自己挂上钩，仿佛就让你显得值得信赖了。不管你看不看得上，这都是一种社会现象。就连游戏、社交软件中的头衔等级、限量配饰、绝版皮肤都会吸引人疯狂抢购。这绝对是人性使然。

人是社会化的动物，人也是善于伪装的高级动物。有人的地方就有真假，有真假的地方就有善恶。所以学会型功，不仅可以让你防骗，还可以让你带着善的初心，通过适当地"摆造型"提升影响力，让自己比别人少走弯路，更快地成就自己。

11 | 近功：借助好感让人亲近

面试、相亲、路演、见领导或客户、见公婆或岳父母等人生很多重要场合，都离不开迅速建立好感、拉近距离感的功夫。对方对你有好感，一切皆可继续；对方对你没好感，一切统统没戏。

在这个时代，虽说颜值高确实容易建立好感，那也不能人人都去整容吧？想让别人对你产生好感，还是要掌握一些处世方法的，也是我们在人际交往中的必修课。

一个能给人好感的人，影响力往往不会差。那么，下面我给大家从5个方面分享如何借助好感让人亲近。

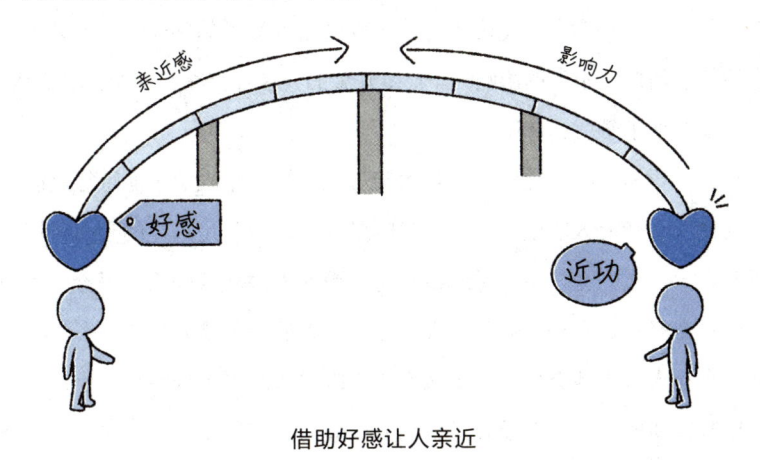

借助好感让人亲近

借助好感让人亲近的 5 个关键

第一方面：言行魅力

言行魅力往往又包含外表魅力和表现魅力两点。

● 1. 外表魅力

提起外表魅力，我想起来一段非常有意思的网络视频，这个视频是日本某节目做的一个实验，就是让一个女孩在街上借钱，前后打扮不一样，看借钱效果有何差别。女孩第一次出现时，没打扮，发型也一般，脸色也不好，显得有些普通，然后在街上借了一大圈，竟然只借到一点点钱。大部分人都不借给她。

然而还是这个女孩，在第二次出去借钱之前，化妆师给她化了妆，把头发做成蓬松时尚的鬈发，立刻变得楚楚动人。她再去大街上以同样的理由借钱，借来的钱竟然是之前的几十倍。

为什么会有这么大的差距呢？其实我不说大家也能明白，颜值起到了重要作用。大量心理学实验早已证明：人们往往会主动给那些长得好看的人提供更多的支持与帮助，也更愿意去听取他们提出的要求或建议。其实从心理学角度来分析，美可以带给人愉悦的感受。人的外表魅力往往会增加一个人的影响力。长得好看的人往往会在社交中占尽优势，千万别低估了颜值的作用。

心理学有一个理论叫"光环效应"，是指一个人的正面特征就能主导其他人看待此人的眼光，大多数时候外表魅力就是这样的正面特征。研究表明，人们往往会自觉地给长得好看的人添加一些正面评价。比如一个长得好看、有外表魅力的人，往往给人的印象是人品一定不会坏，甚至会让人觉得他有才华、更诚实、更聪明等。更关键的是，我们在做出这些判断的时候，并没有意识到外表魅力在其中发挥的作用。看一个人的外在好，就习惯性地觉得他其他方面也好，这几乎成了很多人条件反射式的反应。

这就给我们一个非常重要的启示，漂亮的外在形象往往更容易抓住别人的注意力、增强信任感。比如说我们在求职的时候，简历制作得怎么样，个人装扮得怎么样，会给面试官留下不同的印象，有眼缘的人通过率往往更高。当然，我这样说不是教你去整容。即使天生形象不是很好，你也可以通过内外兼修提升自己的综合魅力，俗话说，20岁以前的相貌是父母给的，20岁以后的气质是自己修炼的。每一个人都是独立的个体，我们至少要有自己的个性美。

除了外表魅力，表现魅力也非常重要。

● 2.表现魅力

表现魅力指的是我们平常的言谈举止、风度气质、礼仪修养等，这些都是我们表现魅力的一部分，这部分往往更加重要。

现在很多卫视频道都有明星真人秀的节目，明星的长相个个靓丽，所以在其他方面表现出色的嘉宾会更令人记忆深刻，比如《偶像来了》里面林青霞的大气、汪涵的多才、谢娜的幽默，都让很多年轻的明星无法比拟。

总之，不管是长得好看、装扮得漂亮，还是表现得优秀，保持优雅得体的外在气质，往往更容易与人拉近距离，提升我们的交际影响力。

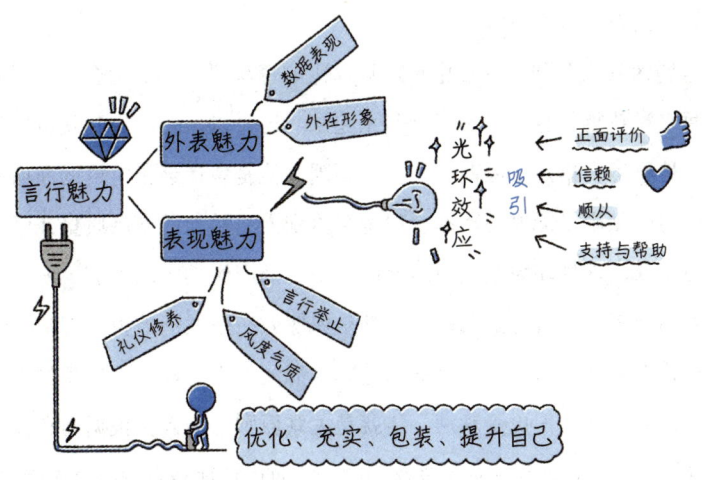

借助好感让人亲近的5个关键（1）——言行魅力

所以我们要不断地去想办法优化自己、充实自己、包装自己、提升自己，这是我们提升近功永恒的主题。

第二方面：偶像效应

很多人都崇拜偶像，每个人追求偶像时都是感性的，甚至是无理由地狂热追捧，而且这种感情还会爱屋及乌。只要你能成为某个领域的偶像或意见领袖，就会提升你在对应人群面前的亲近感、信赖感和支持度，你的粉丝就会因为喜欢你而无条件地支持你和你的意见或产品。现在很多人都开始注重个人品牌的打造了，这是一个好现象。当你定位准确，给自己贴好标签，假以时日，即使没有罗振宇、吴晓波那样的影响力，你也会成为某个圈子中受人拥戴的意见领袖。

即使我们不能成为一个领域的偶像或意见领袖，但偶像效应还有一个应用原则，叫关联原则，即当你能让人认识到你和有偶像效应的人有一种联系，换句话说，就是有偶像级的人物给你站台给你背书，就会提升你在这些人中的影响力。所以你就理解了为什么现在有些人虽然地位不高、水平一般，但他比较喜欢找名人合影，而且还有意地宣扬。这也叫借力使力、借势造势。

偶像效应在现实生活中很常见，比如每次要举办奥运会了，很多赞助商宁肯花重金也要跟奥运会联系起来，这样以后打广告时就可以强调他们是奥运会指定赞助商。其实并不因为他是奥运会指定赞助商而提升了他的产品质量或服务水准，但是会给别人一种他的产品质量或服务很好的印象，这种印象是由奥运会的权威性而产生的关联效应。所以，跟名人的合影、跟官方的关联，也都是偶像效应在发挥效力。哪怕是你平常和异性交往的过程中接触的都是非常靓丽的人这样一些平凡的事情，其实也会让你显得更受欢迎。这就是**关联原则**，别人会根据你和其他优质异性在一起，来定性你是受欢迎的，从而认定你是有独特个人魅力的。

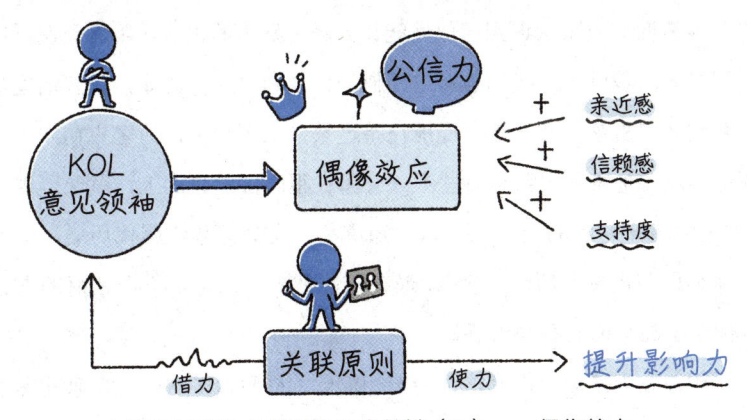

借助好感让人亲近的 5 个关键（2）——偶像效应

第三方面：接触合作
● 1. 相似则多接触

　　心理学家指出，人人都有相似相惜的心理，在与人交往的过程中，如果我们能从对方情感、记忆、事业、家庭等方面找到对方的"动情点"，并放入同步的语言和情感环境中，就会激发他真挚的情感，增加他对你的亲近感和信任度。简单来说，只要跟对方有相似的地方，我们善于表现出来并能与对方同步共鸣，就容易让对方迅速接受你。

　　很多人喜欢和自己相似的人，人与人之间显性差异小的时候，更容易通过接触拉近距离并影响彼此。比如"老乡见老乡，两眼泪汪汪"，我们见到老乡时若能用家乡话打招呼，两人的关系立刻就会亲近起来，因为彼此有相似性。

　　一个人行为上的改变也容易受相似之人的影响。比如学校计划整治学生的一些不良风气，当同龄的孩子头带头以身作则时，更容易实现持久的效果，否则说教和纪律往往作用有限。很多有教育经验的人都知道，给孩子找个身边的好榜样去做孩子的引导工作，会事半功倍，比亲自示范效果好得多。

很多商业人士认识到相似性能让人产生好感的驱动作用，会在调研了解对方的基础上，找到与对方相似的背景和兴趣。比如，有些销售员了解到客户喜欢品茶，就会提前在茶道茶艺上下功夫，让客户初次见面就能喜欢跟他相处。甚至有些人还会用在很晦涩的目的上，就像电视剧《人民的名义》中的赵瑞龙一伙，知道高育良书记喜欢明代历史，就安排高小凤突击《万历十五年》，最终以此契机，让这个不谈钱财的书记拜倒在了高小凤的石榴裙下。

相似之人的每一次交往都会增加彼此的好感，多次交往换来的熟悉感和信任度，也必然有利于之后的合作。

● 2. 差异则多合作

总的来说，显性差异小的时候，宜接触；显性差异大的时候，宜合作宜互补。通过和别人有选择地接触和合作，能够有效提升自己的社交影响力，让他人主动亲近。

> 举一个例子，美国曾有一些人建议在校园融合上用多接触的方法改善种族关系，但结果却起了反作用。学生们还是只喜欢跟自己相似的人待在一起学习玩耍，不喜欢跟其他种族的学生待在一起。在不愉快的情况下，持续接触反而会减少好感，更容易起冲突。
>
> 后来是怎么解决这件事情的呢？为了解决对立和冲突，老师给整个班级的白人和黑人学生混编成不同的小组，制造一些不一样的竞争和考核，竞争让他们小组内部更加团结，因为合作而更加喜欢彼此；同时安排一些需要大家集体去挑战的课题项目，让大家面对共同的目标，解决需要彼此合作才能够完成的共同难题。这样就增加了彼此之间合作的动力，正因为他们是通过合作完成了所布置的目标，他们之间的关系更好了，校园内的种族融合效果也得到了改观。

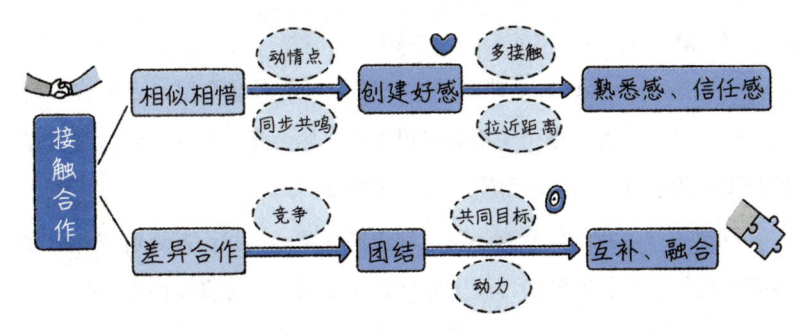

借助好感让人亲近的 5 个关键（3）——接触合作

第四方面：镜像模仿

说到镜像模仿，我们刚刚提到了一句话：每个人都喜欢自己，也都喜欢和自己相似的人，这也是**相似相惜的心理反应**。

在跟人打交道过程中想提升自己受欢迎度的话，我们要有意识地去观察别人，并且有意识地和别人同步、同调、同节奏。能同频、共情的人，往往更容易让人产生好感。比如说日本曾经有一个卖保险的人工作非常出色，被称为"保险之王"，他的名字叫原一平，他虽然个头很矮，各方面条件也不是特别好，但他的保险却卖得非常好。他是怎么做到的呢？

因为他只钻研那些大客户，他经常调研大客户的具体背景，那些大客户经常在哪里出没、喜欢穿什么服装、有什么样的喜好、喜欢什么样的业余活动等，他都能了如指掌。了解到这些之后，他也会经常出没在目标客户出现的场合，并且穿着打扮、志趣爱好等各方面也都表现得跟对方一致。通过这种方式就比较容易引起目标客户对他的关注，并且在接触的过程中，因为其相似性，也会使人产生更多的好感。

镜像模仿，就是我们平常要像对方的镜子一般，在洞察对方的同时，要注重跟对方同步同调，如此就容易让对方觉得你跟他仿佛是同样的人，自然会增加对你的好感。

第五方面：欣赏赞美

现实生活中没有人不喜欢被欣赏赞美，人人都希望自己是被重视的，自己是重要的，每个人都有自己的自重感，每个人也都希望别人能够赏识他的优点，从而获得满足感和优越感。

既然如此，我们就要有一双发现美的眼睛，当我们发现对方有哪些特质是我们喜欢、欣赏的，就大胆地表示出来。人最喜欢的是自己，第二喜欢的就是喜欢自己的人。就像我们会喜欢我们的父母，因为父母是这世界上最喜欢我们的人。所以，**欣赏赞美也是一种有效拉近距离的方式**。

学会拉近与别人的关系，就是在重建自己的强关系朋友圈。这个世界没有绝对的陌生人，只有还没来得及亲近、深交的朋友，想让更多人对你一见如故，想让更多的弱关系变成强关系，那就好好拿这一节的方法调整自己吧。

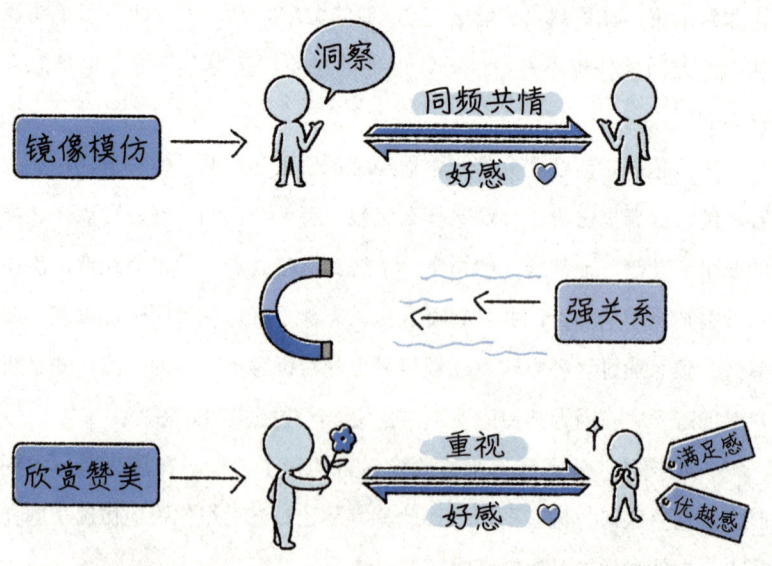

借助好感让人亲近的 5 个关键（4）——镜像模仿与欣赏赞美

12 | 限功：借助限制让人争取

人的欲望之处，越限制，往往越疯狂。比如早恋的孩子，父母越禁止，他们就越想在一起；本身不着急买房子，一听说要限购，有些人借钱也要入手一套；双十一也是一样，越限时限量，剁手党们就越疯狂……

限功，就是借助限制让人竞相争取的功夫。限功并非真限制，而多数情况都是以限制之名，行放纵之实。我们学习限功，一是为了防身，防止别人用这类方法来恶意侵害我们的利益，现实生活中这类行为常常存在；二是帮助我们把握这项驱动神器，洞察人性在此方面的弱点，以更好地通过限制性思维和策略，去驱动和影响别人。

接下来，介绍限功的 4 个应用策略。

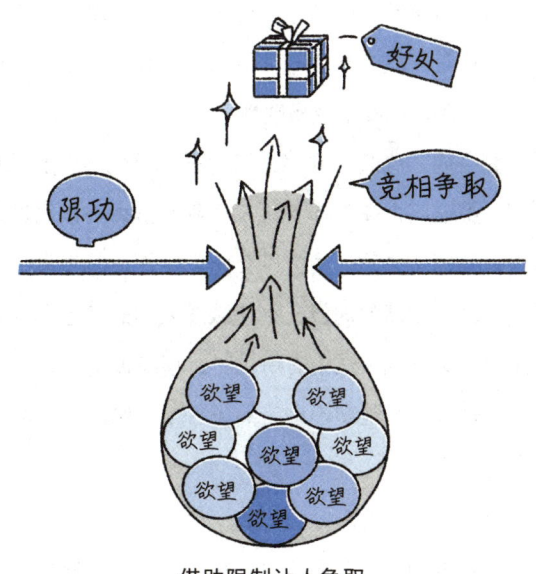

借助限制让人争取

限功的 4 个应用策略

策略一：呈现稀缺

物以稀为贵，这是人类的普遍认知。当东西越来越少的时候，人就会害怕失去，害怕错过，从而产生一定的恐慌感、紧张感。

因此，当一个东西慢慢变少的时候，随着能获得它的难度升级，它的价格就有机会越来越高。因此在商业应用上，我们不要轻易把自己的东西标榜成无限量的，因为越是这样，越会给你的客户以观望的机会。就像在中国的楼市和股市，大家都很熟悉的"追涨杀跌"这一普遍现象。"追涨杀跌"简单来说，就是越涨越追着买，越降越刹住脚观望，虽然这并不符合利益最大化原则，但人们就是控制不住，这就是人性。

其他产品也一样，降价不一定有涨价更好卖，如果你的产品是刚需，又有过硬的质量且不易过时，你就可以每期涨价一定的百分比。因为公布了涨价策略后，每期涨价的消息，会将目前入手时的优惠机会变得更有稀缺性。由此可见，机会越少，价值就显得越高，越容易让人争取。所以，想让对方争取，就要呈现稀缺性。

心理学研究证明，比起得到，人们对失去的敏感性要更强。在《铁齿铜牙纪晓岚》中连巨贪和珅都承认："我对出去的钱比进来的钱记得更清。"而稀缺刚好又提升了失去机会的可能性，对失去某种东西的恐惧似乎要比获得同一物品的渴望，更能激发人们的情感和行动。就像大学生们在想象恋爱关系或考试中有所失时，情绪波动会比想象有所得的时候更强。尤其是处在风险和不确定的条件下，错过就可能会遭受损失的恐惧更能影响人的决定。

策略二：创造稀缺

有些时候哪怕事物本身并不是很稀缺的，我们也要想办法制造稀缺

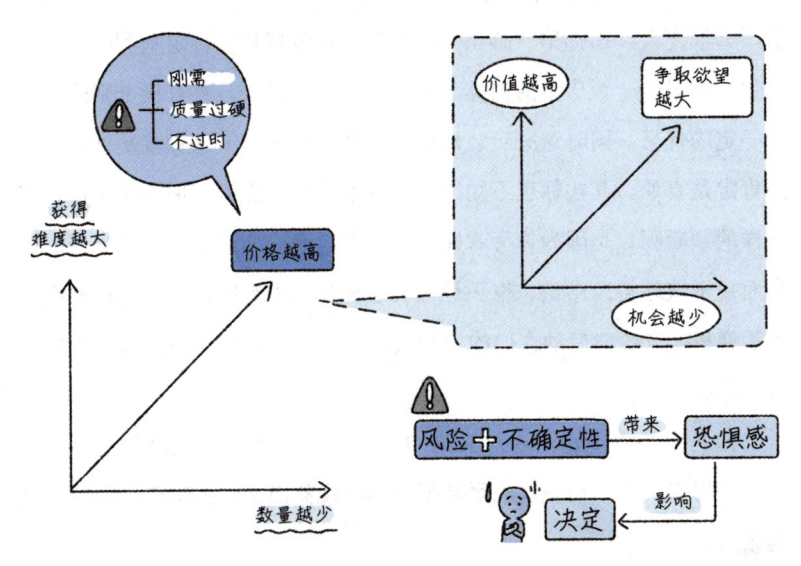

呈现稀缺的重要性

感，以激发人们竞相争取的动力。

　　我曾经有一个学生在临近寒假的时候卖天津特产大麻花，他在学校附近摆摊，刚开始效果一般，后来调整了一下策略，立刻大幅提升了销量。他专门弄来好多装麻花的空箱子，杂乱地丢在自己摊位旁边，弄得一片狼藉的感觉，好像刚刚被抢购者洗劫了一番。同时前边用大字报的形式贴出个大黄纸，上面写着"厂家直供，全市最低价，买贵买假赔十倍，两天后恢复市场价"等字样，甚至当时还找了一些同学过来凑人气，在下午下课人流量正大的时候，再来声吆喝吸引众人。等人聚过来后，要让人看到特惠商品和赠品都不多了，比如让人看见有些装赠品的箱子空了，有些装麻花的箱子也空了。这其实就是在制造稀缺感，制造一个再不争抢就没有的氛围。

　　很多人喜欢捷径式思考而不喜欢深度思考，这是人的一种习惯。比如你到外地旅游，去逛当地有特色的纪念品店。走进一家店，一看标价，都很便宜，那你第一感觉是什么？便宜没好货，肯定是假的。但如果你发现另外一个店里的同类商品标价都特别昂贵，只有极个别的商品有一定的优惠，同时这家店装修得相当豪华，你第一感觉就是这里的商品肯定是真的。其实你也不知道如何鉴别东西的真假，但为什么你会有这样的判断呢？是因为你喜欢捷径式思考，喜欢通过表面看到听到的信息而短平快地得出结论。也正是人们这种自以为是的习性，让商家们看到了商机：只要能启动人们的捷径式思考，让客户感觉有价值、更值得拥有就够了。

创造稀缺感，正是通过人为的方式，启动人们"**更少就更值**"的捷径式思考，让人们**通过表面看到的稀缺现象而更想去追求自以为更值的东西**。

东西一多就没有吸引力，这不仅适用于商业，也适用于我们平日的生活中。钱给多了就是挥霍，爱给多了就是溺爱，自由给多了就是放纵。很多叛逆，就是这样娇惯出来的。正常来说，孩子一般到了两岁就开始叛逆了，你越约束他就越想尝试，因为本来可以得到却受限制的东西，往往会让人更想要。但这种情况多数都能调整过来，往往都是与父母的管教离不开的。数据证明，管教前后不一的父母最容易教出反叛心理的孩子。自由这东西很可怕，尤其是你给一点又要拿走，比完全不给更加危险。

有专门对情侣的调研显示：家长的干涉，往往让情侣双方感觉更喜欢彼此。其实年轻人嘛，刚开始是新鲜感比较强一些，可能让他们交往一段时间之后，也就淡了。而正因为长辈的干扰，反而增加了他们的热情。

所以有时候你不仅要有适当的引导，同时要给孩子足够的空间。这是带孩子甚至是带团队一定要注意的事。这也在提醒我们：越难得到的东西越能激发对方想要的情感。

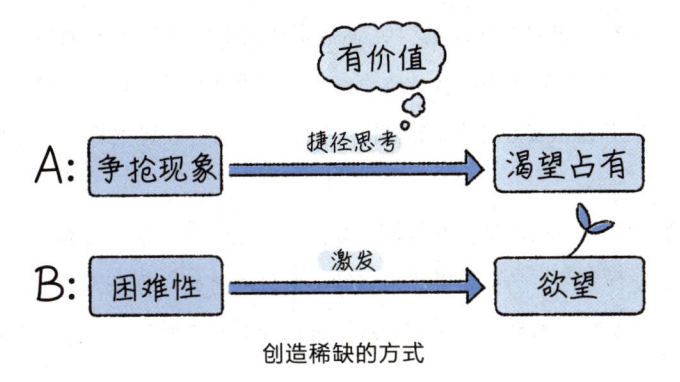

```
                    有价值
A: 争抢现象  —捷径思考→  渴望占有
B: 困难性    —激发→      欲望
```

创造稀缺的方式

策略三：竞争稀缺

在本身就稀缺的情况下，你要还能导入竞争机制，那就更让人紧张了。因为**一经竞争，东西就缺失得更快**。竞争对手的争抢让资源越来越少，做决定的时间越来越少，可获得的机会也越来越少，所以才会更加紧张。

一般什么样的策略，最容易让人失去理性？送给大家一个绝招：**稀缺＋竞争＝让人疯狂**。这是一个非常强势的组合，一旦你让某个东西体现出它的稀缺性，再加上一种竞争机制，那这个东西立刻会激起所有人的兴趣。所以很多东西的拍卖，其实都是稀缺性加竞争机制的完美结合，你会发现越是稀缺加上竞争，就越会增加人的不理智性而给出更高的价钱，并且是更快地决定。

竞争对手的存在，是对不确定性的激活，对手有可能让眼前的美好随时变成损失，就像罗振宇所说的那样，"不确定的失去，让人恐惧。"竞争稀缺，绝对会增加一个人害怕错失的紧张感以及想要得到的急迫感，加快他配合做决定的速度。

为什么那些卖房的或者卖二手车的业务员，会约好几个客户同时过来看房看车？原因就在于几个客户同时过来的时候，你就会因有竞争对手而紧张，担心不快点决定就会被别人占了先，从而匆匆做出决定。

由竞争气氛而带来的紧迫感，让你甚至都无暇深究自己的问题和真实需求，而只顾着如何去更快地占有它。这就像我们钓鱼时的一个经验，只要你撒少量鱼食让大量的鱼儿来抢食，你就可以趁火打劫钓上咬鱼钩的鱼。

除了商业应用，感情交往同样如此。你跟一个女孩一直有点暧昧，但迟迟没有表白，当另外有人也开始追求她的时候，你是不是觉得自己更爱她了呢？是不是觉得再不行动就被情敌截和了呢？这就是竞争激发的魅力。

连孩子的教育也离不开竞争稀缺原则的影响。都说现在的孩子压力大，但到底是怎么造成的？班上一个孩子报辅导班，不可怕；两个孩子报辅导班，也不可怕；怕的是水平跟你孩子差不多的孩子都报了辅导班，你身为父母，紧张不？教育，向来就是竞争性投资，只要你的竞争对手在成长，你就不会善罢甘休。正如世界知名职业经理人杰克·韦尔奇所说："你可以拒绝学习，你的竞争对手会吗？"

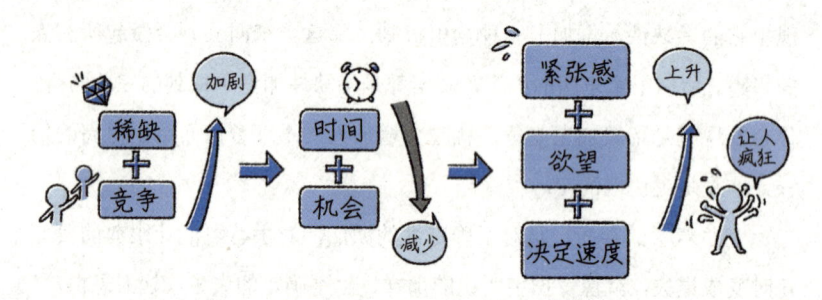

稀缺 + 竞争 = 让人疯狂

策略四：三限原则

三限原则我们可以简单理解为：**限时、限额、限竞争对手**，中心思想就是：**通过限制的方式激发行动的速度**。这是我们平常在社交中比较常见的方法。

为什么要限制呢？因为难以得到的一般比轻松得到的让人觉得更好，所以我们能限制的就要限制，哪怕搞优惠你也要限制时间、限制名额。永远要记住，无条件的付出，不会让人珍惜；有条件的让步，才会激发兴趣。

现在都流行"私人定制"，服装配饰可以私人定制，旅游线路可以私人定制，家居装修可以私人定制，婚礼庆典可以私人定制……私人定制为什么这么受欢迎？除因为人们经济水平提高而带来的个性化需求的旺盛之外，还有一点，就是"私人定制"满足了人性根本上的需求，人人都喜欢那种"独一无二""限量版""专属服务"的感觉。一件事情，只要打上"专门""唯一""独版"的烙印，就具备与众不同的价值。

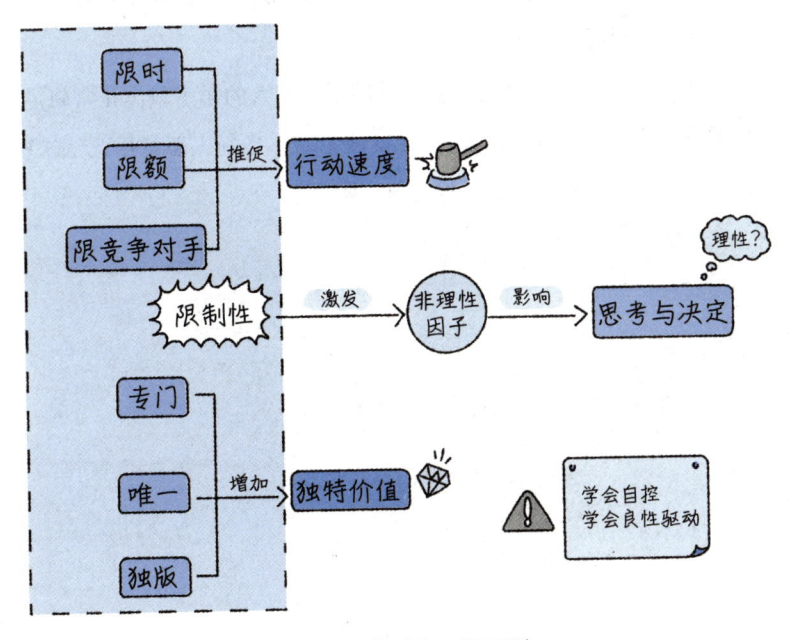

限功应用策略之三限原则

曾有个电影院打出 16 个大字的宣传语：专场放映、座位有限、预订从速、过时不候。爱看电影的观众们，闻讯纷纷赶来。哪怕电影院座位根本就用不完，但还是会让你觉得很紧俏。就像会做生意的企业，即使印刷了上万张优惠券，但在每次送你优惠券时，还是要显得优惠很难得，还是要给你设个小条件，并且会写上优惠券使用的截止日期；如果不限制难度，在大街上把优惠券当传单发，基本都不会有太大的效果。

这种限制思维适用于生活中的各个方面，曾有一个贵族小学招生条件极其苛刻，要求家庭条件符合其中一项标准的才能办理入学。如直系亲属必须有海归博士学历以上者、家里资产千万元以上者或直系亲属中有正处级以上领导者等，越多的条件限制，竟然越多人排队想入学，谁还管一年 10 万元的学费高不高，家长会的人脉质量就够让人心动了。有时严选就是最好的开源。

限制性激发了人性深处的非理性因子，使人的思考偏离正常轨道。所以要学会限功，学会自控，学会良性驱动。当别人恶意用此法来驱动你时，记得告诉自己：**少≠好，急≠要**！

CHAPTER 3
第三篇

抓住人心，建立信任

13 | 探功：探察对方真实想法

在当下的社会交往中，人与人之间是有一定的信任缺失的，所以会伪装，这导致大家很难在日常交往过程中，尤其是在并不完全信任的人面前吐露真实情况。探功就是如何探求对方的真实情况的功夫，比如说探求对方真实的意图、想法等。

如何了解对方的真实情况，以取得良好的人际关系呢？给大家分享探功的 3 个方法。

探功的 3 个方法

方法一：侧面探知

首先要了解一个问题：为什么要进行侧面探知？这是因为人们面对直接问话时往往比较容易产生戒备心理，尤其在尚未建立信任时，面对敏感问题，往往会有所保留，隐藏自己的真实想法。只有借助第三者或者是其他力量，更换角度进行侧面探知，才能够让对方在不知不觉中打开心扉，告诉你真实的情况。

使用侧面探知的方法在很大程度上是可以更容易得到相对真实的想法的。再举一个应用，想要探知对方的性格特征，直接问"你是什么性格？你的性格有什么优点或是缺点？"这样的问题就显得太过敏感。那么如何进行侧面的问询呢？有以下几种提问可以参考，"你要是养宠物的话，会选择什么样的宠物呢？"当对方说是某一种动物时，你就可以继续询问"为什么是这种动物呢？"或是"你喜欢这种动物的什么特点呢？"然后你就可以基于对方的描述来了解对方的一些性格特征或是价值观。

大家可以在读完本节的内容后，去做个练习。就是模拟面试官面试，提出问题并给出答案。比如面试官经常会侧面探知求职者的性格特征。他很有可能会问你："如果给你几种动物作为自身形象，诸如猫、狗、狮子、猴、狼、大象，你的选择会是什么？"面对面试官的如此提问，你会如何有效地回应？有的学生曾自以为很聪明地说，他会选择狼，理由是"领导应该都会喜欢狼性性格的员工吧"。那不一定！如果你真聪明的话，就应该基于自己应聘的职位所需要的性格来考虑，然后选取有对应性格特征的动物，这样才能更好地迎合对方的要求。适合的才是最好的，上面的问题是没有所谓的标准答案的，跟工作适配的选择和分析，才是正确的回应。

这个练习可以多练，希望各位可以多了解一下有关动物和各种角色身份对应的性格品质，综合自己未来的定位方向，得出关于自己性格类型问题的最佳答案。诸如此类的练习会使你更容易绕过对方挖的坑，也更容易得到对方的认可。

方法二：预设情景

预设情景是指在一种假设的情景之下，让对方没有压力地回答出自己的真实想法。因为是假设的、非现实的情景，往往让人比较放松，说出的话也是可以不用负责的，这样无压力的问答条件更容易让人放下心理防线。

诸如上门推销之类的行为往往会因为对方的抗拒心理而遇阻，那如果把推销变成调研呢？这样场景一变，就会让对方比较容易接受。甚至可以搞匿名调研，让别人帮帮忙，这样就会把双方的商业利益关系转化为公益调研协助的关系，二者有着很大的差别，这就是预设情景的一种运用。

关于这一点，我们再来看两个例子。女孩考验男孩的时候往往会问诸如"假设……你会怎样"之类的话，比如"假如我和你妈同时掉河里了，你会先救谁？"这种基于假定的问话有时候会让男孩感到不知所措，因为女孩所假设的情况有可能一生都不会发生，其实她就是想通过一种方式了解她在你心中有多重要而已。我在教目标管理的时候曾经说过这样的话，"假设什么都不会失败，你最想要实现的目标是什么？"为什么要这样问？因为只有这样问，大家才能放下眼前的枷锁，放下过去的不自信；因为很多人根据过去对自己的了解，以及现在一些枷锁的束缚，而很难去自由地畅想人生到底想要什么、想做什么、想成为什么、想要实现的目标是什么，所以我们就要假设一种什么都不会失败的情况，突破一切局限，让大家能够找到自己真正的热爱。

除了侧面探知和预设情景，对对方的探知还有第三个方法，叫察言观色。

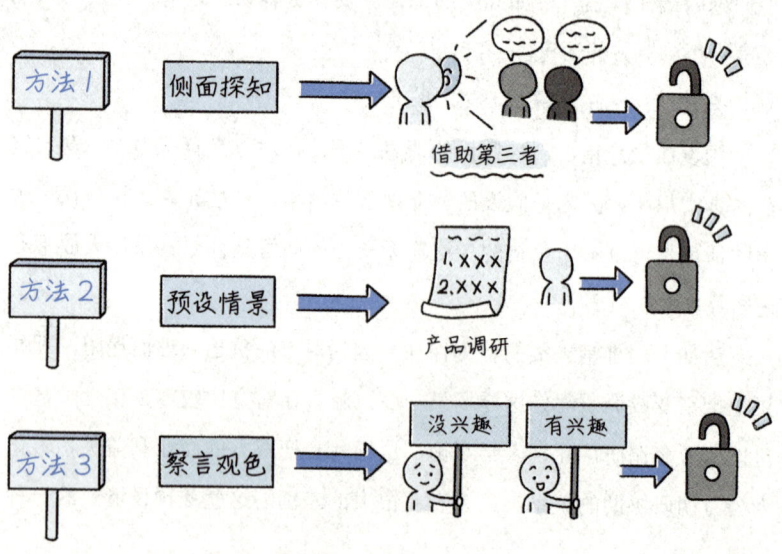

探察对方真实情况的 3 个方法

方法三：察言观色

在与人实际交往的过程中，对方是否对谈话的内容感兴趣，表述是否真实，通过察言观色能够获得一定的判断依据。

小说《甄嬛传》经常写嫔妃对皇上喜怒的揣测，比如皇上假借别人之名与甄嬛相识，怀疑甄嬛对他不忠，便问甄嬛"何时对朕有情？"作者着重描写了皇上脸色的变化，由"炯炯的逼视""淡淡一抹笑"到"不疾不徐地说"，听了甄嬛的解释后"神色颇有触动"，直到最后有"眼中动容之情大增，唇边的笑意也渐渐浓了"等语句。如果甄嬛对皇上的外在变化视而不见，又何以句句走心？参考小说人物表现的描述，在现实生活中，尤其是在面对比自己地位高的人时，察言观色、揣摩"上意"的能力更是不可或缺。

在这里给大家 3 个察言观色的小建议。

● 1. 面相识人

面部表情是情感暴露的阵地，人的脸部有 40 多块肌肉，并且其中大部分肌肉都是无法自由控制的，我们总是不由自主地通过表情暴露出很多的信息，即便我们极力去掩饰。通过对人物表情有效地观察和分析，我们在与人交往时往往能够更加有的放矢。

从大的分类上，人的表情有愉快和不愉快两类，在愉快的时候才适合沟通，在不愉快的时候是不适合沟通的。

与人沟通前要察言观色

愉快：表情一般有嘴角后移、眼睛变细等特点，这一点你可以自己对着镜子仔细观察或是观察别人高兴时的反应，以此验证和练习，如果你掌握了这些特征，那么你就掌握了与别人交流的节奏感。

不愉快：表情一般有嘴角下垂、眉毛呈八字等特点，如果你发现对方有这种不愉快的面部特征时，就不要再试图与对方进行太长时间的沟通了。

其实关于面相识人还有很多知识点，从小的分类上，人的情感至少具有惊讶、悲伤、愤怒、害怕、快乐、厌恶、轻蔑等 7 种不同的表达方式，在此就不详述了，仅举些简单例子。比如说如何根据对方脸型识人，如何通过对方的身形去了解对方的性格取向，这些其实都是有一定方法可以参考的。另外，大家还可以学习手诊、面诊、星座性格分析等技巧，因为这些聊天切入手段，非常有利于抓住对方注意力，并且有利于你和对方建立互信，同样有利于你探察对方的某些内在真实特征。

● 2. 以眼识人

俗话说："眼睛是心灵的窗户。"通过眼睛，往往可以发现对方的许多秘密。在这里以 EAC 模型作为重点举例说明。

EAC 模型分析，其实就是通过对方眼球、瞳孔的变化去判断对方的心理活动，以及其所说话语的真实性的方法，这也是一种识谎的技巧。

为了掌握这一方面的知识点，首先我们要了解，人的大脑分为左半脑和右半脑，左半脑负责逻辑编辑，右半脑负责回忆形象，当一个人被问及一个敏感问题，他的眼球往左闪烁时，代表着他在使用右半脑，也就是说其所说内容回忆形象的成分比较大，而眼球往右闪烁时，代表他在使用左半脑，那么其所说内容逻辑编辑的成分会比较大，也就是说谎的可能性比较大。并且眼球往右上代表编画面，右中代表编声音，右下代表编感觉，这些内容可以作为识慌的技巧。有了此招，就更容易鉴别别人有没有骗你了。此外，瞳孔的反应可以帮你发觉对方的情绪。瞳孔和情绪的关系十分密切又相互作用。一个人兴奋时，瞳孔会放大，比如遇到喜欢的人、值得欢喜的事或特别可爱的小孩或小动物时。积极地进行眼神交流，会增加彼此的好感。

除了眼睛外，眉毛压低或高挑往往也代表着不同的意义，眉毛压低更显威严，而高挑更显温顺。所以，教你一个一见面就可能让别人喜欢的小动作，就是高挑一下眉毛，因为这会让对方觉得你更容易相处。

综上，我们要学会观察对方的特征，并且通过对方的眼睛反应找到对方的主导感官，进而在交流中有针对性地更多地使用视觉词汇、听觉词汇或是动觉词汇。当你了解到这些，便会更好地把握与对方交流的节奏感，因为视觉型的人一般节奏会比较快，相应的你需要加快自己的语速以及改变说话风格去适应与对方的交流，而动觉型的人一般节奏会比较慢，如果你的语速过快会使对方感到不适。

以眼识人的判断方法

● 3. 身体语言密码

人身体的很多部位都会自动暴露出一个人的内心活动,拿腿和脚来说,相较于人类面部表情的伪装能力,离大脑越远的部位,越容易暴露内心的真实想法。比如打牌时,一个善于伪装的牌友,经常会在拿到一张好牌的时候表情痛苦地放烟雾弹"完了完了",不要上他的当,看看桌子底下他的腿,是紧张收缩状态,还是在欢快地抖动,就会知道真相。

人类在为了生存逃亡时,最为本能的反应就是从腿开始的。如果你在黑暗中走路,突然听到奇怪的声音,你觉得自己会立即跑开吗?我可以告诉你,人的第一反应会是停住不动,然后屈膝,因为这一动作会使身体的血液主要集中在腿部,这是用来准备逃跑的,这是人自远古时代遗传下来的本能反应,是很难用大脑控制的。再如腿脚的轻摇多数时候是代表不悦、不适,甚至是急躁,但在某些时候则是代表兴奋。脚往墙上踢,这可能代表一种消极的状态,当一个人想要把眼前的一些令其不快的烦恼踢开,就会产生这样的反应;还有脚的指示作用,如果对方喜欢你或你的话题,在聊天过程中其脚尖往往会朝向你,但是如果他的脚尖已经不朝向你了,甚至脚尖已经朝向门口了,那么他可能是已经不想听你说话了,或者有急事需要走开,你再长篇大论讲下去,一定会让聊天效果变糟糕。所以,具备一定的观察能力,才能够和别人更好地深入交往。

对方的身体语言,需要我们能够及时发现,才能有效应对。当对方身体前倾,做出蓄势待发的动作时,显然对方比较急躁,想要尽快结束对话;对方站立时双腿叉开代表着控制、权威、自信;站立时双腿交叉往往代表着舒适、放松;脚踝处缠绕椅子往往代表着焦躁、紧张、担心和警惕。再如双手抱头地仰坐在自己的座位上,这就是一种比较强势的控制性动作,回想一下老板面对你述职时是否做出过这样的动作?又如双手叉腰，这个动作也是很有讲究的，一般来说，大拇指朝后代表着极强的控制欲，而大拇指朝前则代表着疑问态度。

综上，这些身体语言密码其实都会反映出人们内在的真实心理，因为这些都是无意识的反应，所以我建议大家要多掌握一些身体语言密码，以便于分析和判断对方的心理特征。

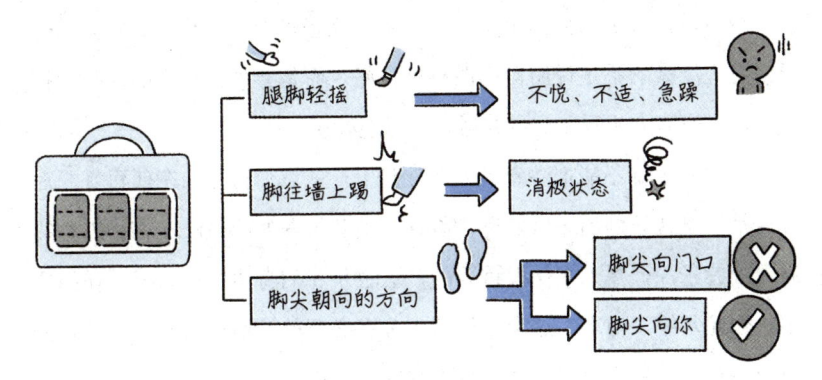

身体语言的表现形式

14 | 勾功：勾住对方引起关注

在当下互联网信息大爆炸的时代，人们在不断地被不同的信息干扰、牵引着，那么当我们想把自己的东西或是建议"推销"给别人的时候，首先要做的不是说明自己做得有多好，而是要先把对方的注意力抓过来。只有对方想听，你说的话才有可能管用。

如果对方都不能把注意力放在你身上，就算你自己的东西再好，对方也是很难认识到的。以前有"酒香不怕巷子深"的说法，如今再香的酒也怕巷子深，曝光率是很重要的，这也是我们身边广告无处不在的原因。因此掌握"勾功"这项技能是十分有必要的，所谓"勾功"就是如何勾住对方的注意力，让对方持续关注你的能力。

我们下面就来具体讲解一下勾功的 4 个策略。

勾功的策略

策略一：心理魔术

心理魔术，不是让你真的去变魔术，而是通过神秘手段激发对方好奇心，让人迅速对你感兴趣，从而勾住对方的注意力，让你和对方迅速

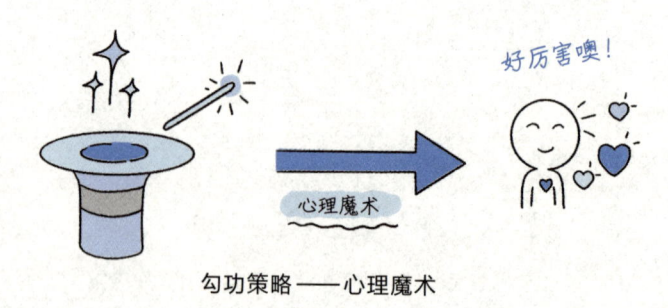

勾功策略——心理魔术

建立必要的亲近感。因为人人都有好奇心，所以通过神秘而有趣的游戏等沟通方式，往往能够起到引导交流的作用。

● 举例子来说，如何通过数字游戏快速吸引对方的注意并初步建立信赖感呢？

小魔术 1

通过做数学题的方式算出女生的生日

你可以先神秘地告知对方，你能通过计算器推算她的性格特征，这第一步就起到了勾起她好奇心的作用；然后指导她进行运算，先加上多少，再减去多少，再乘以多少……其中一步让她加上她自己的生日（阳历月日按双位数连起来输入即可）。诸如此类，最后问她结果，再反推出她的生日日期。不管你设置怎样的计算公式（最好能看起来复杂，才有障眼法的功效），只要这个计算公式你提前是有了解的，你自然能在最后一步快速倒推出她的生日。

在这种曲折委婉而又富有趣味的游戏过程中，对方是不会想太多的，当她在计算器上全部都输完，得到最终数字之后，你故作沉思片刻，通过心算倒推出她生日时，只要你对星座分析有一定认知，就可以说类似这样的话，"哟，难怪你性格……，难怪你平常有……的爱好，原来你是……星座的，没错吧？"你猜对了，女孩一定会很好奇，"你是怎么知道的？"对于这个问题，建议继续保持神秘感。所以，你只要提前设置好自己的计算公式，并且能够快速倒推，还比较熟悉各种星座的时间跨度及其相对应的性格特征的话，想知晓女生生日并达到快速深交的目的就会容易得多。

小魔术 2

通过做数学题的方式，进行一次比较浪漫的表白

假设你和自己喜欢的女孩在一起，想要以委婉的方式表白，你

可以问她,"从 0 到 9,你最喜欢的数字是哪一个呢?"她告知你某个数字后,接着让她用这个数字进行加减乘除等运算,注意在之前把这个运算的结果设置成比如 520 或者 1314 等这些数字,当对方经过一系列运算得出答案并说出 520 的时候,或把 520 和 1314 写下来的时候,你就可以非常温情地告诉对方,"这是我一直想要对你说却从没说出口的话"。这就是一种比较浪漫的表白方式,简洁委婉地告诉对方"我爱你",至于为了得出 520 具体怎么设置你的加减乘除法,相信具备小学的数学水平就够了。

以上都是心理魔术中简单的数字游戏,其实心理魔术还有很多游戏,它们都可以增加你的神秘感,提升你快速和别人建立初步亲近感的能力,希望大家可以在平时多学多用。

策略二:巧用道具

神秘的语言如果能够配上抓人眼球的道具的话,往往更能集中人的注意力,也更利于营造氛围。

李敖曾在北大有一场非常精彩的演讲。他写过很多书,多数都被国民党当局给禁了。当他在北大演讲时,想要在这方面表达一下不满,就说他自己写了 100 多本书,其中 96 本都被查禁了,其实大家对数字不一定会那么敏感,有可能大家在听完演讲之后就会把他书籍被查禁的事给忘记了,甚至于他的委屈都很有可能被忘记,那么他是如何进一步表达自己的委屈和不满的呢?

他现场拿出了一个卷轴,边说边向下展开这个卷轴,"我把我被查禁的书的书名、出版年月、被查禁的号码、被查禁的罪状,印了一个表,你们看看这个表有多长,你们看!"当他把长卷轴"唰唰"地往下放的时候,台下观众一片哗然,相信观众们就算以后把这场演讲的其他内容都忘了，这一幕是绝不会被忘记的。因为印象太深刻了，这个卷轴的长度致使它整整下放了18秒钟才得以完全展开，台下一直掌声不断。他让所有人都记住了：李敖这个人确实写了很多书，并且大都被国民党当局给禁了，他的确挺有才华的，他也的确挺委屈的。李敖用道具的方式，让所有观众通过这一幕记住了他要表达的这一层意思。

所以说，巧用道具是一种很有效的集中人注意力的表达方式。平时跟人讲话，想让别人更愿意听、更注意听，你就不能光在那儿干巴巴地讲，即使你没有提前准备好专属道具，也应该善于直接从说话环境里拿物品打比方，杯子、饭菜，甚至服装、环境都可以成为你拿来打比方用的道具。有些事情如果用纸笔画一画更好的话，那纸笔就是你的道具。总之，一个人善用道具，就可以很轻易地抓住他人的注意力。

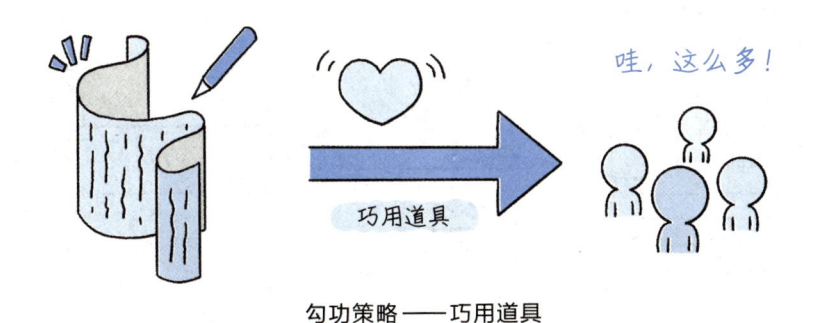

勾功策略——巧用道具

策略三：爆点前置

我们都知道人的耐心是有限度的，你在讲故事的时候，如果爆点藏得太后，往往很容易把故事给讲废了。

我们可以看到很多媒体人，他们都很会爆点前置，尤其在设置标题上，是很有讲究的。现在你可以打开你手机上任何的新闻客户端，看看那些客户端的新闻头条，是否都是一些能够抓眼球、让人想一睹为快的语句。除此之外，电视电影的花絮、预告等也都是这样的套路，把特别能够抓人眼球的内容剪辑出来作为下集预告,吸引你再次观看。

我们随便在百度上找几条新闻标题看看。"交警抱男孩指挥交通,原因感人""老太坐后备厢上路,儿子道实情""他酒驾被罚1500元,交警倒给5700元"等,这些标题其实都使用了爆点前置的技巧,一些标题党的文章就更是如此了。

另外,我想问大家一个问题。一般情况下,在你要讲重点的时候,你觉得说话的节奏应该慢下来还是加快呢?当然是应该慢下来,因为慢下来往往会让大家更容易集中注意力,就《聊斋》《画皮》等影视剧的惊悚片段来说,你仔细想一下,是不是在恐怖情节要展开时全都是慢镜头,音乐非常瘆人,所有画面都是静止的感觉,这时你才会集中所有的注意力。慢下来才可以集中注意力,快起来往往更有喜感。

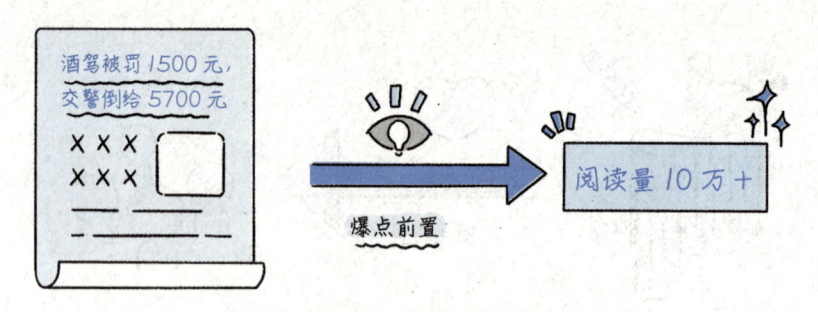

勾功策略——爆点前置

策略四:蔡氏指令

在这里大家要首先了解一下蔡氏效应,它来源于蔡氏实验:给每个实验人员分配20个任务,其中10个任务是让他们完成的,而另外10个任务则是在其完成一半的情况下叫停,过段时间再询问他们对于任务的记忆程度,结果发现所有人对于没有完成的任务比已完成的任务记得更清楚。

这个实验告诉我们,人们在一件事情没有完成时,大脑会保持紧张感，一直到这件事完成后才能释放紧张，这就是蔡氏效应。其实不论是没有做完的事，还是没有说完的话，都更容易让人记住、保持一定的脑部紧张感。

既然我们了解了蔡氏效应，就要学会使用蔡氏指令，它是指用一个有趣的情景问题或是智力问题（如脑筋急转弯），来激发对方的情绪和好奇心，让对方对悬而未决的答案产生强烈的探知欲。也就是说，让对方难受地惦记着，这样就可以为后续的交流提供心理基础，这是人际交往中非常有效的技巧。

● 简单地练习几个蔡氏指令

问题1 如何通过蔡氏指令激发对方的好奇心？

示范：我的很多老客户也能去商城购买，但还是都专门找我买，你知道为什么吗？

评价：这就是一个蔡氏指令，抓住对方感兴趣的话题，并且设置悬念，为自己的优势（比如服务优势）做铺垫。

问题2 如何通过蔡氏指令吊对方胃口呢？

示范：很多同行的老客户都转向我们这边下订单了，连××这样的大明星也都用我们牌子，你知道为什么吗？我们的××功能一上线，整个行业都将洗牌，你知道为什么吗？

评价：双重疑问，不仅展示了优势，还为更神秘的优势埋好了伏笔。

希望你能就不同目的，在业余时间进行更多蔡氏指令的练习。

我相信，不管是蔡氏指令、爆点前置，还是心理魔术、巧用道具，只要你能坚持练习，一定会很快提升自己说话的吸引力和神秘感，最终成为随时随地能吸引他人、引导他人的交际高手。

15 | 搭功：搭讪对方建立联系

生活中充满了偶遇，想不辜负这些偶遇，让生活变得有情趣，你就需要学会搭讪。

搭讪，往往是与陌生人打破隔膜快速建立关系的第一步，要求我们既要善于打开局面，又要善于延续交情。在现实生活中，我们经常会遇见喜欢的、欣赏的、崇拜的人，那些善于搭讪的人往往能多交一个朋友，多成交一笔生意，而不善于搭讪的人往往是碰一鼻子灰，一无所获。

你可能会说"这还需要什么方法？脸皮厚就行！"脸皮厚只能算是给了你搭讪的勇气，并不能表示你有足够强的搭讪技巧。在本节里，我就跟大家分析一下搭讪的 6 个注意事项、打破尴尬要到电话的 5 项小应用和搭讪跟进的 3 个建议。

搭讪的 6 个注意事项

1. 搭讪的方位

第一次跟人搭讪，若搭讪时所处的方位不当，往往会给人留下不好的印象，甚至激发对方的警惕戒备之心。那么需要注意什么呢？

大量实验证明，在人的视野宽阔的方位，往往更适合与其搭讪。一般来说，一个人的正面或者右前方，是一个人的机敏面，这个地方是一个人很容易控制的范围，可以理解为一个人潜意识里的安全区，当你在对方的机敏面进行搭讪的时候，会降低对方的警惕性。而如果你从背面去跟一个陌生人打招呼，对方很可能会被吓一跳，甚至会快速躲开，你给对方留下的印象就不会太好。因为背后的区域是一个人的迟钝面，是人们潜意识的非安全区域，会激发人们的警惕性。

所以搭讪需要注意的第一点就是，避开迟钝面，善用机敏面。

2. 巧问问题

只要是简单易答、不令人抗拒、不敏感的问题，都很容易跟对方建立沟通。

比如在图书馆你可以问对方"可不可以借一支笔"，进而通过对对方的观察，请教一些对方可能感兴趣或擅长的其他问题。对方在看什么，你就可以好奇地问对这类知识的疑惑，即使听不懂，也可以低姿态地表达钦佩。

注意，问问题最好是临场发挥，给对方一种随性、量身定制的感觉，而不要给人留下突兀、刻板的感觉，同时不要只问一个简单的问题，最好要有后续的对话，可以依托对方的回答，进一步聊下去，快速建立关系。

3. 说话语气

如果说问问题可以与陌生人建立关系，那么陈述句可以让人有猜中对方心思的感觉。这就是要讲到的第三点，说话的语气。有一些场合，将疑问句转化成陈述句会得到更好的回馈效果！

比如你看到一个女孩子在门口一直徘徊，很焦急的样子，你上去问："你在等人吗？"往往会让对方一下子变得警觉，"你要干吗？"但是我们把这种疑问句换成陈述句："看来有人迟到了！"这样一来，对方可能就会想：哎，你怎么知道？给对方说中心思的感觉，你们之间的亲近感就瞬间被拉近了。

4. 聊天风格

与对方搭讪成功后，就要注意聊天风格。每个人性格都不同，往往聊天的方式也要有所不同，但坦诚开放、幽默风趣、虚心请教、倾情赞美，这些风格关键词是离不开的。

坦诚开放，就是不要给对方一种你目的性特别强的感觉，大大方方地表现你的友好，最好能幽默风趣一些，可以开些无伤大雅的玩笑。同时，虚心请教往往能给别人一种不耻下问的感觉。倾情赞美，是因为每个人都喜欢被人赞美。

5. 不逼回答

有些时候你问完一句话，对方有可能不方便回答，如果你已经看出来了，就不要让冷场持续，因为这会疏远彼此的距离。

所以，我们若看到问完问题时，对方眼光有些闪躲或有些难为情，要学会立刻转换话题，聊一些轻松愉快的事情，千万不要让冷场继续。

6. 自信表态

在对方面前一定要展现出自信的一面，不要唯唯诺诺、鬼鬼祟祟的。如果你真心想要对方的联系方式，当你请教了一些问题，或者引导到这方面的时候，就大胆直接地向对方要联系方式，"希望以后还能跟您保持联络，加个微信吧"。

这需要大大方方地自信表态，但是不要太唐突，要由浅入深地问。一般对方愿意给你联系方式的话，你就顺势把手机号发过去，再把手机递过去提醒对方输入，互存一下，成功的概率往往非常大。

打破尴尬要到电话的 5 项小应用

应用 1：故意说错

比如你和想认识的人处于同一个场合，想引起他的注意，有一个方法就是在本应有共识的地方或者是对方已知的点上，你故意说错，激发对方好为人师的一面。当对方忍不住给你纠正时，你就可以趁机多问几个问题，感情就容易拉近了。

应用2：创造能量最低点

这个是行为心理学方面的心锚技术。如何操作？非常简单，基本步骤就是，先打断，这个"打断"往往给对方一怔的感觉，然后再深化指令，提出你想让对方做什么的要求，这就是创造能量最低点。

应用3：临走杀个回马枪

这是销售经常用的一个技巧，比如说你推销产品给陌生客户，聊了很久，所有产品的优势都阐述清楚了，到最后客户还是说你把样品放在这儿，有需要会联系你。他一直不跟你说真实的购买意愿，也不当面回绝你，遇到这种情况，你可以暂时让对方放松一下，再出其不意地进攻，这又该如何操作？

那就跟他说"好吧，××总，我跟您聊了这么多，相信您现在对这个产品已经有了全面的了解了，如果您还要再考虑考虑，那咱有机会再聊"。这时候你要收拾东西准备离开，他肯定是心里一阵窃喜，认为终于把你甩掉了。尤其是你收拾完东西正要离开的时候，是他最放松警惕的时候，而你走到门口却突然杀了个回马枪，又回来了，"××总，我其实不明白，您还有哪些需要考虑的呢？不妨直接跟我说吧，因为毕竟我在这方面是最专业的，您对这方面也是最关心的，您问我答，这难道不是最好的考虑方式吗？坦白说，是不是因为价格的问题？"

这种情况下，对方完全在你的气场之下，很有可能会被你说服。有些时候向女孩要联系方式也是一样的，你得给对方创造一个放松的机会，再突然甩回来给对方一个措手不及，这时你再提要求往往更容易让人答应，因为对方把紧绷的防御状态放下了。这就是临走杀个回马枪。

影响式社交

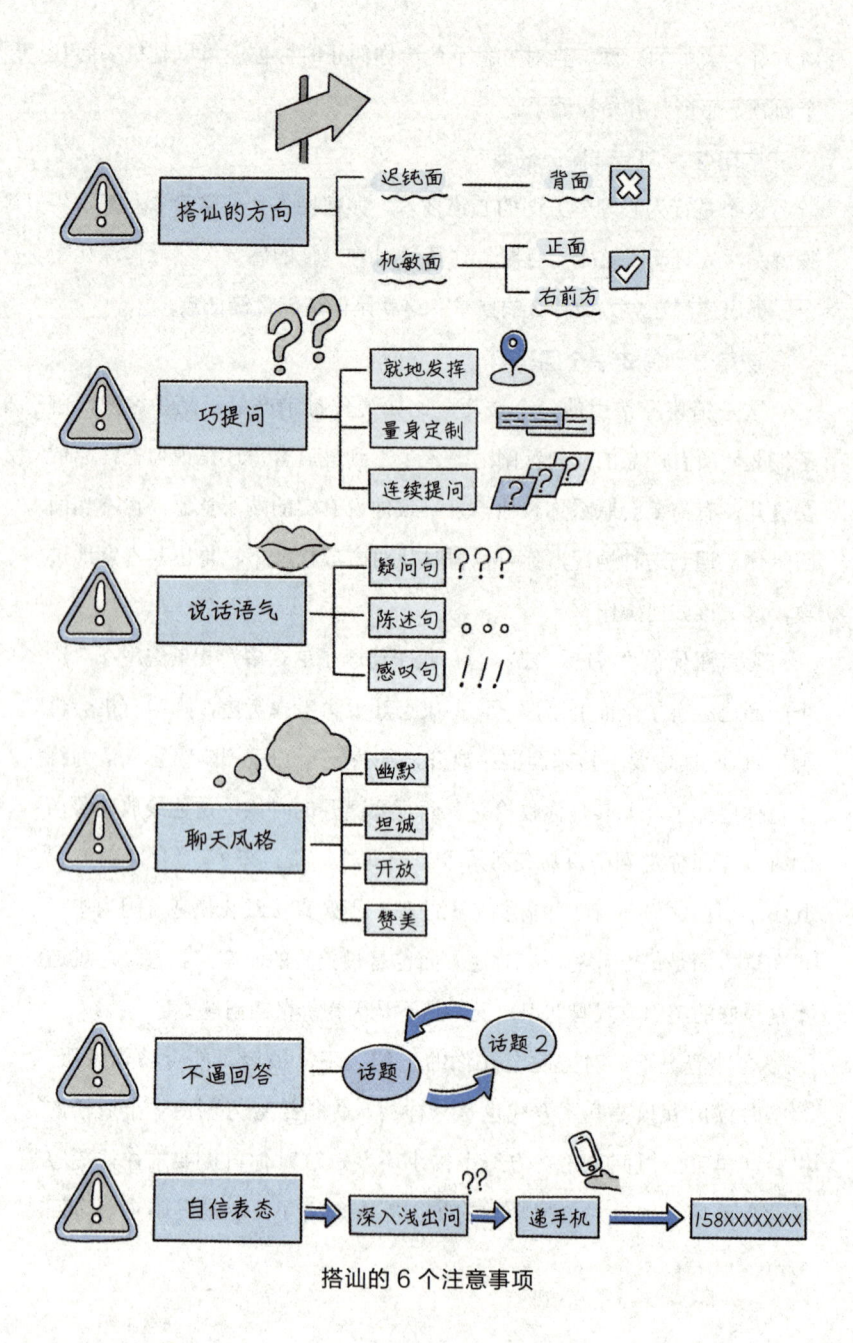

- 搭讪的方向
  - 迟钝面 —— 背面 ✗
  - 机敏面 —— 正面 ✓
    - 右前方

- 巧提问
  - 就地发挥
  - 量身定制
  - 连续提问

- 说话语气
  - 疑问句 ???
  - 陈述句 ...
  - 感叹句 !!!

- 聊天风格
  - 幽默
  - 坦诚
  - 开放
  - 赞美

- 不逼回答 —— 话题1 ⇄ 话题2

- 自信表态 → 深入浅出问 → 递手机 → 158XXXXXXX

搭讪的 6 个注意事项

应用 4：求人帮忙法

想要到对方的联系方式，你可以求人帮忙，让别人介入。比如说，你想认识跟你选修了同一节课的其他系的女同学，在某节课上课的时候，你可以借对方的笔记抄一下，等下课了，你还没有抄完笔记，这个时候就可以问对方联系方式，回头再送还对方笔记，这样就很容易要到对方的联系方式。

应用 5：借问回请法

比如说，曾经有个男孩想要跟一个其他系的女孩交往，在下课的时候跟她说："我今天中午忘带钱了，能借我 20 块让我买碗面吗？明天上大课时还你。"通过这种方式借到了女孩的 20 块，不过女孩也诧异"买碗面条还需要 20 块啊？""也对，你对我这么好，那干脆我买两碗，请你一起吃吧。"

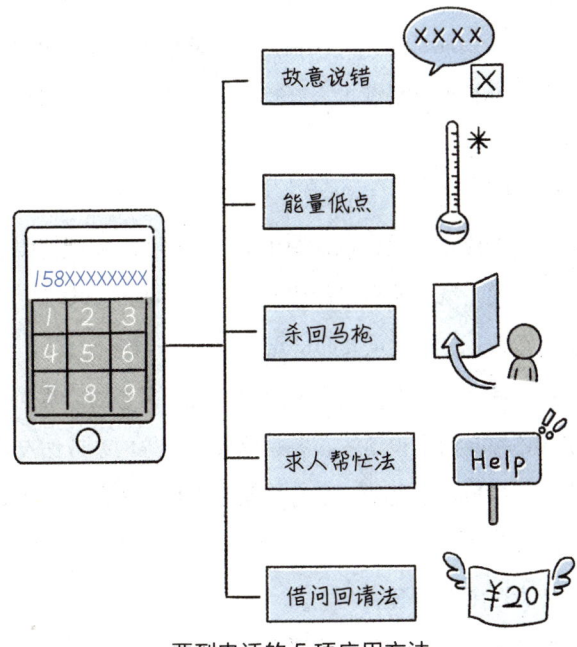

要到电话的 5 项应用方法

通过这样的一种借问回请的方式，还带有一些幽默色彩，很容易跟对方搭讪成功，同时还可以有进一步交往的机会。

除了前两方面的搭讪基本功，第三个方面跟大家讲一讲搭讪跟进的建议。使用上面的方法技巧，你跟对方已经认识了，下面的关键是如何进一步深入交往。

搭讪跟进的 3 个建议

建议 1：不把对方当外人

人与人之间的交往，如果你非常的谦卑客气，就等于拒人于千里之外。人都是相互的，你客气，对方就很难放松，你能放开大气一点，就跟故友相逢一样，对方自然也会受你影响，有一种跟老朋友相处的感觉。

当然了，你还要注意，你的说话方式和开玩笑的方式也得让对方适应，不要给对方一种很难堪或很不好接受的感觉，总之，要像对待老朋友一样坦诚。

建议 2：打入"敌人"内部去

你要混对方的圈子，要认识他周围的一些朋友，要能够跟他们也打成一片。换句话说，就是拉自己的盟友，深入"敌人"内部，方便你了解对方更多的背景！这是很重要的一点。

举例说明，我在大学跟女朋友交往时，与她宿舍的一些同学都混熟了，那些朋友还都会帮我说话呢。要想追女孩，她的亲戚朋友往往能起到决定性作用。哪怕是小舅子，都有一票否决权，所以得伺候好她的大后方。

建议 3：场合桥段巧安排

有时恋爱跟销售一样，也需要情景式成交，需要氛围。这就需要你用心去打造，经常制造一些偶遇的机会，甚至专门做一些浪漫的准备，这往往会让女方记忆深刻甚至深受触动。有场景，有剧情，才会有好的体验。如果你自己不用心，不主动，总是在等待机会，没有女生会主动贴上你，所以机会还需要创造。

今天讲到的技巧，希望对你的搭讪功夫有所帮助。有一句话说，这个世界没有陌生人，只有还没来得及认识的朋友。学完了搭功，那就赶紧去勾搭一下新朋友吧。

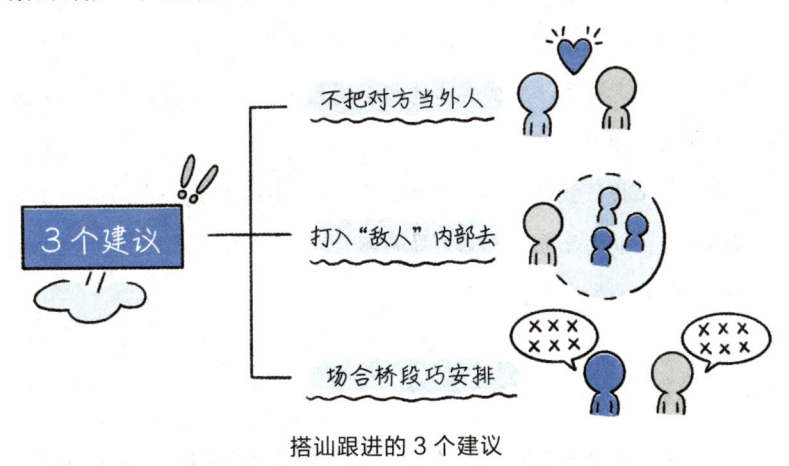

搭讪跟进的 3 个建议
- 不把对方当外人
- 打入"敌人"内部去
- 场合桥段巧安排

16 | 聊功：怎样聊天才能投机

朋友们，你真的会聊天吗？很多人认为，聊天还不简单？想聊什么就聊什么呗。

其实真正让你跟不同人聊的时候，你就会发现，聊天可没那么简单。怎么轻松地找话题，怎么做到跟不同的人说不同的话，怎么把对方聊高兴了、聊上瘾了，怎么快速地跟不同人聊得投机、打成一片……这些都是聊天的功夫。

在这一节里，我就要跟大家好好分享一下聊天的功夫，通过一些方法或思路，帮助大家成为人见人爱的聊天高手。尤其是聊天时如何"谈其所好"的5个思维角度。

聊天高手的2个冷读关键

女孩最讨厌查户口式的问题：你是哪里人？你叫什么名字？你多大了？很可惜大部分人依然只会这种令人难受的聊天模式。

如果你会冷读（cold reading），就不会有这个问题。cold 在这里是没有准备的意思，reading 是读心的意思，冷读术通常指在没什么准备的情况下，通过有效观察而能看透他人的心思，从而更好地与人交流。这是一个快速建立信任的技巧。

说到算命先生，也许他只是装神弄鬼的江湖骗子，但在聊天功夫上绝对算高手。算命先生给我们的印象就是能快速抓住人心，还能让听的人一直对他说的话感兴趣，甚至深信不疑。其实这都是有套路的，最常见的一种方式，就是他会用一种模糊表达法，让你有被说中的感觉，从而被卷入他所主导的气场中。

算命先生一般情况下会怎么开场？他在跟你说话之前，总是先通过对你细审深察的打量，制造一种神秘感，让你感觉你的内心就像没穿衣服一样，一下子被他看透。然后，他对男性求算者和女性求算者经常会有一些不一样的说话套路。若面对男性，为了拉近距离，常常会用这样的话，"你这个人啊，其实很有桃花运"，这样说话是不是很惹人喜欢，模糊表达且倾向于正面，就算对方一直没有桃花运，这种话也让人很乐意听下去。因为这类话还是一种寓意和祝福，男人都希望自己是桃花运很旺的人！如果你过去确实没什么桃花运的话，那算命先生这句话也是能打圆场的，他会告诉你"你的桃花运确实很旺，只是需要耐心和时机而已，别着急"，他会给你转移到耐心、时机的问题上，你顿时觉得：嗯，说得有理。你要也能把握这种说话逻辑，肯定也能让人爱听。

算命先生有时面对男性还会说："你这个人啊，有点怀才不遇，对吧？"这类话是不是让男人听完之后也觉得：哇，你说得太对了，你怎么知道我的境况？其实每个人现实生活中多多少少都会有一些不尽如人意的地方，用他的话说，那不就是怀才不遇的感觉嘛。看起来是算命猜测，实际上是换位迎合。

如果是你，人家算命先生都两度猜中你心思了，要再说中一句，你肯定得服了，比如他又对你说："你的人生走到这个阶段还是不够稳定，有一些梦想还没有实现，对不对？不过你到40岁之后，就会慢慢稳定下来。"你是不是又有被说中的感觉？"太神了，全说中了，他怎么知道的？"

其实刚才这些话都是废话，你想，"有一些梦想还没有实现"，谁不是这样？尤其是后面那句话："到40岁之后，你就会慢慢稳定下来。"41岁也算40岁之后，60岁也算40岁之后，只要实现了，都算人家算对了。最重要的是你那时候就算没有稳定，你还能找他算账吗？所以这就是算命，有些时候就是给我们进行一下心理疏导，给我们一种莫须有的心灵寄托而已。

对待男性如此，再来看看他对女性有什么说辞。看到女士苦大仇深的样子，算命先生同样是一种洞察判断状："你今天所来之事，与情相关。"这句话肯定能说中，你想啊，就算是钱的问题或其他问题，一定也跟感情情绪有关系。

再接下来："你这个人，有时太重感情！"这样的话，像是责备，实则是夸赞，并且模糊又正面，容易让人接受，也容易让人有被说中的感觉，这样的话已经在拉近感情了。然后下面一句话，"你在过去付出了很多，但却完全不被理解（或被珍惜）"，听完这些话，有些女士有可能要当场大哭一场，为什么？因为这样意有所指的话，容易激发她想到相关的人和事，说到心坎上了，才会这样。其实，社会心理学研究发现，大部分女人在感情生活中多少都扮有一种苦情的角色，感觉自己付出多而得到的理解少，否则也不会来算命。

通过以上男女算命者的案例，有没有发现，算命先生的话之所以有用，是因为他把握了两个关键点：**投其所好、含糊多意。**聊天时，谈论对方喜欢听又含糊多意的话，往往能提高说中心思的概率，从而也能迅速建立彼此之间的信赖感！同时这也给我们一种启发，就是"凑趣"很重要，人与人之间的交往需要"凑趣"，你想听的都是我感兴趣的，你感兴趣的也都是我想聊的，我们总能想到一块聊到一块去，这就是"凑趣"，这是一种高情商的表现。

了解了算命先生的聊天套路，下面咱们来聊聊谈其所好的5个维度！谈话聊天是有技巧的，怎么找聊天话题，怎么聊对方感兴趣的，怎么让人聊得开心、聊得有优越感、有成就感、有满足感，都可以从以下5个聊天维度得到启发。

聊天高手的 2 个冷读关键

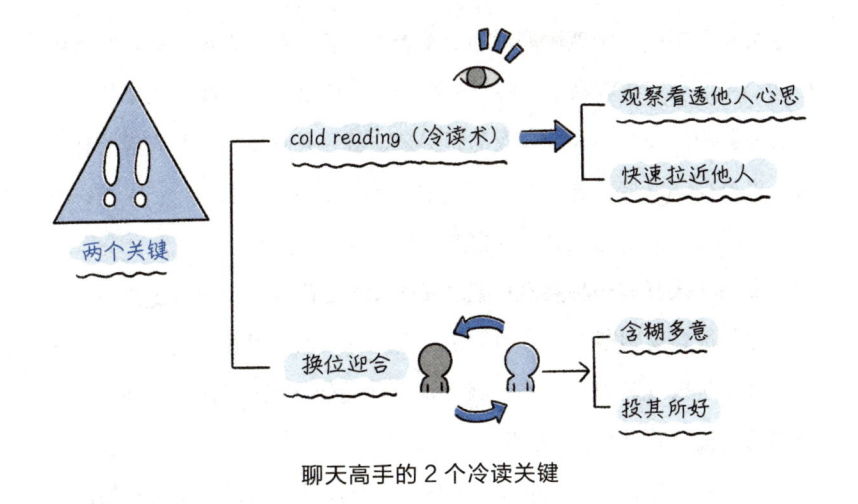

谈其所好的 5 个聊天维度

维度一：谈对方的兴趣或爱好

大家聊到自己的兴趣爱好时，都会有抑制不住的兴奋感，表达欲望和能力都会自动加强。人的兴趣一旦上来，根本就停不下来。

所以，对方喜好什么，那你就和他聊什么，聊一些对方喜欢的东西，你就更招人喜欢。不管怎么说，人最关心的终究还是自己。跟人聊天，能以对方为中心，从其兴趣爱好出发，让其愉悦，双方才能相处愉悦。你想说什么不重要，重要的是让对方说他们想说的，你能用心地启发和倾听，才是你该做的事情。聊对方感兴趣的事，对方就更愿意提供各式各样的资讯，更重要的是当对方感受到你是真心愿意倾听他说话时，便会感到满足，才会有余力开始听你说话。

跟爱玩的人，就聊吃喝玩乐、旅行畅想；跟爱学的人，就聊成长计划、推荐阅读；跟创业的人，就聊创业梦想、资源对接；对方若喜欢下棋，咱就提前做点棋谱棋艺的功课，你水平可以的话也可以邀上一局；

对方喜欢看电影，咱就聊剧情和对演员的评价；对方喜欢运动，咱就聊运动心得；对方喜欢品茶，咱就聊聊茶道。所以，平时我们也要拓宽自己的涉猎面，才容易和所有人都聊得来，就算有时候别人感兴趣的你不懂，也至少拿出感兴趣的状态，这同样会让人喜欢你的。

维度二：谈对方认同的观念或立场

每一个人都有一种身份特征，每一种身份都对应着一套价值观。 所以，你若很容易判断一个人的主要身份，自然也就很容易找到他对应的价值观。价值观相符、立场一致，这是能愉快聊天的基调。基调对了，越聊越投机；基调不对，话题难继续。

聊天的时候，如果你能让对方感觉到你跟他是有同样价值观的，一定会拉近双方之间的情感。比如，跟不安分的人，就多聊探索、聊尝试，也许一句"趁年轻，该经历的一定要尝试一下，绝不让青春留下遗憾"，就有可能让对方产生共鸣……这样聊才会让话题越来越宽。

但如果你要跟那些年轻人的父辈去聊自由任性，那就显得轻浮了，聊不好说不定人家父母不让你跟他们孩子交往了。因为父辈都更在乎孩子的稳定发展，所以，想让他们也喜欢跟你聊天，首先你就要迎合他们的价值观，你应该跟他聊稳定！比如聊找工作的话题时，你可以说："我们年轻人，优势就是有一股干劲，劣势就是还不够脚踏实地。所以，找工作我们还真不能光由着自己的兴趣，得有长远务实的规划，这方面还得向前辈学习，尤其是以后也有自己的小日子要过，那稳定肯定是必须要考虑的！"当你跟一些长辈去聊这方面话题的时候，会让他觉得，你这孩子成熟、靠谱、惹人喜欢。

维度三：谈对方看重的事物

每一个人都有对自己有特殊意义的人、事、物。这些也容易发现，因为别人希望你知道的，都会表现出来的。

去对方办公室，看对方桌上或墙上摆了一个非常别致的工艺品，你就可以请教："这份作品一定对您意义非凡吧？"接下来你就准备好听故事吧。

如果你发现对方比较喜欢穿某个品牌的服饰，或者常穿某种类型的服饰，那么可以跟对方多聊一聊这方面的话题："一看你就是个讲究人，平时穿扮这么有风格，传授点经验呗！"或者"你这么喜欢这种风格，有什么原因吗？"接下来就是一段以衣识人、以衣交友的过程了。

看到老教授的玻璃柜里都是奖杯、证书，你就可以恭维一下："教授，您可真是我们晚辈的榜样啊，取得过这么多荣誉，您记忆最深刻的是哪一次啊，能不能给我们晚辈们分享一下？"接下来就带好你崇拜的心情听一段励志分享吧。

只要善于观察，总能找到对方想聊的话题。

维度四：谈对方自豪的经历或者特长

闻道有先后，术业有专攻。每个人都有自己的辉煌成就和擅长的领域，这些也往往是一个人优越感的体现。

你的任务就是挖掘对方的优越感。比如有些运动员得过冠军，或者有些人拿过某项赛事的奖项，你都可以让他好好聊聊，这些经历对他意味着什么，有没有什么经验传授或印象深刻的事可以分享。

● 一个反面教材

领导安排一个人去接待远道而来的老教授，而这个人接上老教授的整个过程就三句话。机场接上时只一句"您好"；坐在车上一句话没聊，全程气氛冷得要死，到饭店要下车时才蹦出一句"咱到了"；进了饭店又冒出一句没头脑的话"您吃点啥？"后来领导知道此事后，就直接把那个接待员调到仓库了，他实在太不会跟人聊天了。

维度五：谈对方的特点或愿望

在聊天中有一个"找冷门期待"的技巧，就是**别人都夸对方之处，你就不用太夸，因为对方已经免疫了，你可以夸一些别人没怎么夸但对方确实表现不错的地方，这就是冷门期待。**比如别人都夸她漂亮，那么你可以夸她有能力、歌唱得好、书法好、厨艺好，可以说："真没想到你这么会做饭，太好吃了，以后我就跟你混了！"

除此之外，也可以聊对方期待的愿望，就算你解决不了，但会引起

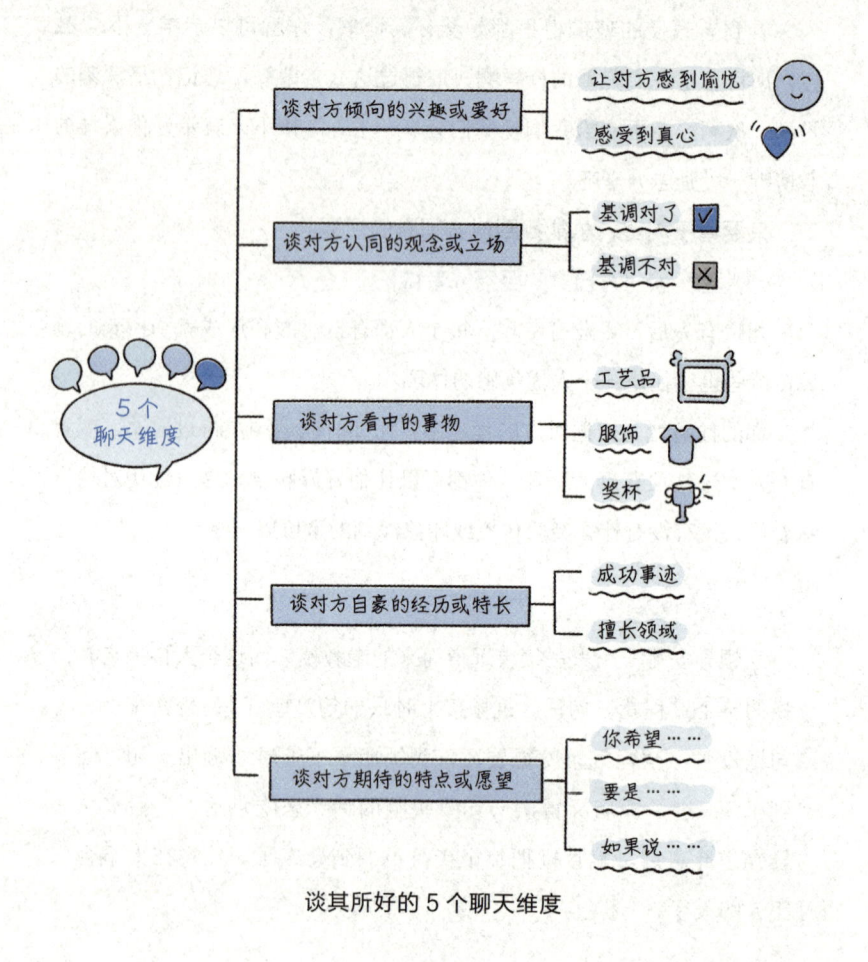

谈其所好的 5 个聊天维度

对方对话题的兴趣，比如"要是不上班还能有钱花，你最想去哪玩？"你是大学生的话，可以说："要是大学没有考试，那得多爽啊，要真有那么一天，你最想在大学里干点什么？你可别回答我，最想考试。"你若是女生，也可以跟朋友聊一些八卦："如果你未来老公向你求婚，你希望他在哪求？怎么求？""要是王思聪带我去逛街，你说我会买点什么？"等等，用假设的方式描述，简直就是话题神器，虽然话题可能有点离谱，但我想告诉你，聊天要的就是这种感觉，扯犊子在东北话里那就是聊天。

最后总结一下，算命先生的聊天套路给我们的启发是：**谈其所好还要含糊多意，才能抓住人心。**而谈其所好的5个维度咱们也讲完了，谈对方倾向的兴趣或爱好，谈对方认同的观点或立场，谈对方看重的事物，谈对方自豪的经历或特长，谈对方的特点或愿望。总之对方好什么，咱就聊什么，因为人际交往向来以对方为中心。朋友们，你学会了吗？赶紧尝试一下吧！

17 | 评功：评价符合对方心理

我们经常在电视节目中看到嘉宾对选手的点评非常中肯，既能点出选手的问题，又不伤及选手的颜面，关联的各方利益也都能照顾到。这不仅需要一定的专业素养，还离不开他们的评价方式。其实，这都是有套路的。

在这一节里咱们就好好聊一聊评功，讲讲如何有效地评价一个人，给对方一种说中内心的感觉，从而让对方更加信赖你。这是我们现实生活中想跟人快速拉近距离必备的功夫。

下面我们重点从两个方面去分析一些方法。

有效评价说中对方的方法

第一方面：性格测评法

在讲性格测评法之前，我们先要谈一个著名的心理学概念，叫巴纳姆效应。这是 1948 年由心理学家伯特伦·福勒通过试验证明的一种心理学现象。

试验是给一群年轻人做一份性格测试调查表，让他们在上面选择，不管选的是什么答案，都要写上名字将问卷提交上去。隔一段时间，再给他们每个人发一份回执，说这份回执是根据每个人的性格测评得出的结果。几乎所有的志愿者看完对自己性格的描述后，都觉得简直分析得太对了，这个测评还是非常准的。

事实上，他们所有人收到的回执都是一样的。难道大家的性格都是一样的吗？当然不一样！但每个人都觉得收到回执中的性格评价就是在说自己,这是为什么呢?

先看三句回执中的性格描述,看你能不能从中发现规律:

有时你严重质疑自己是否做了对的事情或正确的决定。

你体内拥有可观的未被激发出来的潜力。

虽然你性格有些缺陷,大体而言你都有办法弥补。

发现规律了吗?回执里的评价都是一种风格,全都是模糊且倾向于正面的评价,这种评价放到任何人身上都会让人觉得是在说自己,这就是巴纳姆效应,这些语句后来被命名为巴纳姆语句。

- 在心理学上,"巴纳姆效应"产生的原因一般被认为有3个。

(1)"主观验证"的作用。简单说,人们更容易相信他们心中想要相信的内容。

(2)所谓的"谄媚效应"。大部分人更愿意相信让他们自己看起来更正面和更积极的事情,所以他们会认同自己还有很多未能得到发挥的潜力之类的描述。

(3)人类基因的相似性。正因为人类心理性格相似多于相异,对共同特质的描述单独看起来才会觉得很准。

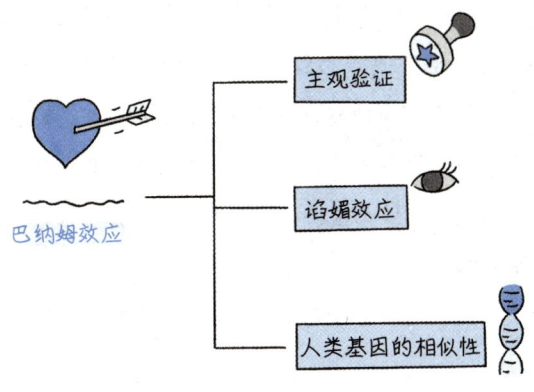

巴纳姆效应产生的原因

以上原因都为我们在方法应用上提供了理论参考，当我们以针对性评价的口吻，用一些普世的、正面的形容词来描述一个人的时候，往往很容易让他觉得你说中了。人的主观验证对自己影响很大，如果想要相信一件事，人们可以收集到各种各样支持自己的证据。就算是毫不相干的事情，也可以找到一个逻辑让它符合自己的设想。

> ● 现在举几条巴纳姆评语，你就会明白性格测试为什么会给人很准的感觉了。
>
> **评语 1**：你有时会出现不切实际的奢望，对吗？
>
> **评语 2**：你这个人有时很外向，但有时却很内向，关键是看跟谁在一起，对吧？
>
> **评语 3**：你不同程度上喜欢变化和自由，但内心也会感到烦躁和不安，没错吧？
>
> **评语 4**：你从已有的人生经验中悟到，过度的表现并不是明智的做法，没错吧？
>
> **评语 5**：你认为自己很理性，不会毫无根据地相信他人。
>
> **评语 6**：你在某些方面对自己要求很严格，对吧？

说实话，如果对方是单独跟你这么说话，再加上一种猜透你的氛围，会不会立刻令你有一种被说中的感觉？你的好奇心和关注力会不会立刻被激发？所以学会用人的心理性格相似多于相异的特质，模糊且倾向于正面地去表达，你就会很快抓住对方的心并建立信赖感，以方便去引导和影响别人的判断和认知。

正如上文中提到过的算命先生，其实让人觉得他说话很准确的原因不外乎有 4 点：

● 原因1：特定情况

一般人都在失意或求福的时候去算命，在这种情况下，自然更容易相信一些所谓的神秘人士。这就给算命提供了环境基础。

● 原因2：依托心理

求算者往往都有一种依托心理，用其他方式已经无法让其更舒服了，再加上对算命这种事有一定的迷信和期待，所以才寄希望于通过算命这种方式让自己心安，这是对外有寄托的表现。

● 原因3：答案大同

算命先生给你的答案，多数都是模糊并且倾向于你想听到的那种答案。

● 原因4：确认心态

很多时候求算者不是什么道理都不懂，但往往都带有一定的期待或担心，无非是想通过算命先生的嘴，给自己一个确认，所以原本期望或担心的事情一旦被算命先生言中了，就会觉得特别准。

希望这节性格测评法，可以帮你认识到这招为什么管用，也可以帮

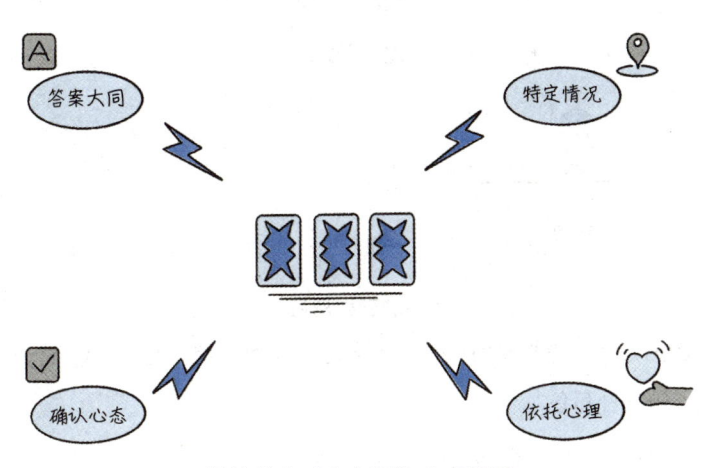

说法符合对方心理的4点原因

你掌握它的应用逻辑,一是做到防止别人对你恶意欺骗;二是学会适当去使用这方面的方法,这种评价人的方式,不仅让人觉得你很厉害,关键是能快速建立你们之间的信任感。除了性格测评法,第二个能快速拉近距离的评功,就是矛盾分析法。

第二方面:矛盾分析法

心理学认为,人都有矛盾心理,人的性格和心理都有双重性特征,分为表象和潜意识。

人的表象,一般由人的心智控制,心智又源于成长过程中对世界普遍理解的判定标准,而潜意识往往来源于遗传或者刺激。在心智无法判断或丧失心智的时候,潜意识会起到主导人的作用。

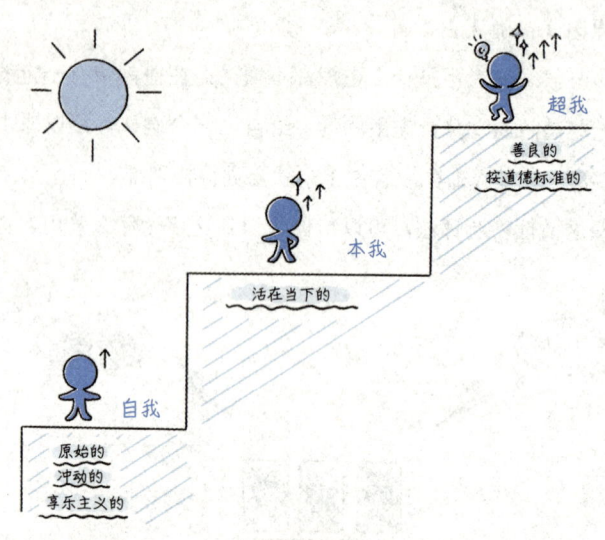

人的三种角色

因为人有双重性格特征,一个人可以分为自我、本我和超我,这三个我,是三种角色。

自我: 原始的、冲动的、享乐主义的。

本我: 活在当下的。

超我：善良的，按道德标准要求的，是高境界。

当自我的原始冲动想表现出来的时候，就会受到超我的道德标准的压制，所以，活在当下的本我就经常感觉到很矛盾，就会在这两种思想的博弈之中保持一种平衡。这就解释了我们平常为什么会有一种矛盾心理存在。

既然心理学原理都论证了人的双重性格和矛盾心理，我们就一定要谨记一句话：从相反的两面去评判一个人，一定不会说错！这就是矛盾分析法。即如果能抓住人的矛盾性，用一体两面的分析话术去评价他人，就一定会显得更加准确。当我们用辩证思维去看问题、分析问题的时候，往往就显得没问题。

● 看下面几个矛盾分析法的应用例子，你会发现，这样评价人总能给人说中的感觉。

例子1："你有时很乐观，信心十足，与人相处也特别融洽，而有些时候，又容易悲观，烦躁不安，甚至对人还不太友善。"

例子2："你外表看起来很坚强，其实内心也有脆弱和忧虑的时候。"

例子3："你这个人，心不坏，但有时候呢，却不被人理解。"

以上这些话，当你说完，基本上对方就会是这种感觉：你怎么知道的？你太了解我了！这就是矛盾分析法的功效。记住，从相反的两面去评判一个人，一定不会说错。

大家若想用好矛盾分析法，就要平常多积累一些描述人的性格、心态或者观念的正反两面的词汇。在现实生活中，我们接触的人的年龄、性别、职业都有所不同，就要有意识地根据对方独特的身份特征找到其感兴趣的话题，从中找出表面特征，再反推不同于表面的隐藏特征。总的来说，想用矛盾分析法跟不同领域的人打交道，就要注意以下3步：

（1）根据身份，聚焦话题。

（2）根据话题，聚焦表面。

（3）根据表面，带出隐藏。

> ● 举例说明，面对老人时：
>
> （1）首先就要思考，老年人往往都比较关注什么话题？他们比较关注子孙、养生、闲情逸致和曾经的辉煌经历。
>
> （2）在对方关注的话题方面，对方有什么表征？比如：他关注的子孙方面，子孙都比较有出息；他关注的养生方面，身体保养得很好；等等。
>
> （3）根据表征，反推背后相关联的隐藏特征。比如子孙有出息，但以前可能在子孙的教育上也经历过很多弯路；身体保养得好，但以前可能也没太注重，吃过不少亏。

有此3步，矛盾分析的话术是不是就在嘴边了？

示范1："您儿子这么年轻，就这么有成就，小时候肯定没少受您调教吧？"

示范2："您现在身体保养得这么好，估计您以前在这方面也下过不少功夫吧？"

也许不一定百分之百地说准，但一定会激起对方的聊天兴趣。

隐藏特征不一定与表面特征完全对立，有可能只是不同于表面特征的一部分有关联的特点。但一定要有人际敏感度，不管是矛盾的哪个方面，都要考虑到对方当时的接受程度，尤其不能恶意攻击人。

面对老年人这种身份角色的用法你搞明白了之后，面对其他身份角色，也是同理。

显而易见，矛盾分析法就是针对不同阶段的人，先找到他们感兴趣的领域，再去设置你的矛盾分析式语言。

相信这些方法只要勤加应用，一定能让你通过更有效的评论方法，给对方说中心思的感觉，从而快速建立对方跟你之间的信赖感。

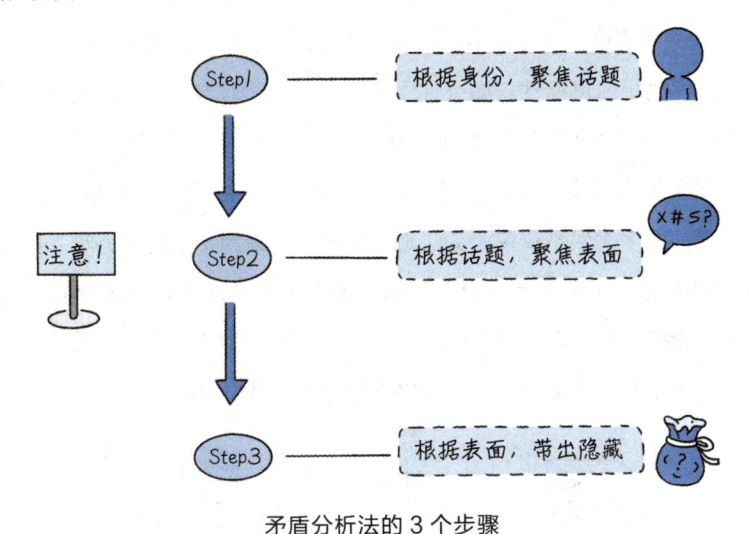

矛盾分析法的 3 个步骤

18 | 约功：如何邀约方能成功

男生想要追求女生，第一步就是约会，增加与对方见面的频次，才能提高追到手的可能性。如果你不懂如何去邀约对方，收到的回复往往是"哦""忙""呵呵"。女孩也一样。

除了追求男女朋友，生活中我们经常会约一些朋友、同事、长辈、客户等，很多时候不仅仅是为了邀约见面，还是为了求对方办事，所以邀约的能力就显得尤为重要。那如何邀约才能让对方如你所愿地赴约呢？那就要好好学习一下约功。

这一节我给大家分享 4 个学来就能用上的邀约方法。

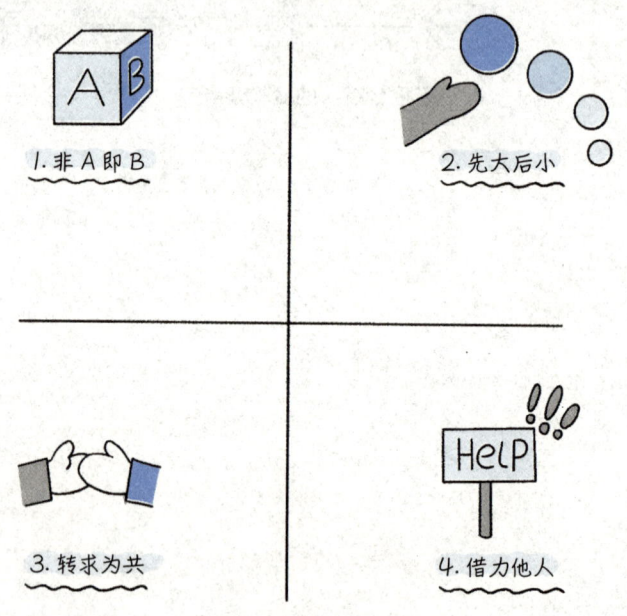

1. 非 A 即 B
2. 先大后小
3. 转求为共
4. 借力他人

约会成功的 4 个方法

约功的 4 个方法

方法一：非 A 即 B

非 A 即 B 是一种表达的话术框架，很容易将别人带入你设定好的框架内做选择，这是带有引导性的选择题，而不是毫无立场的判断题，能提前预估对方的选择是利于自己的。

很多人都喜欢商量确认的口吻，也喜欢有选择空间。你要想办法摆出两个选择，其中一个是引导对方会去做的选择。那么这非 A 即 B，我们可以简单地理解为，将你想恳求对方做的事当成一个要决定的事，即当成 B，再选择一个与 B 相似的 A 组成非 A 即 B 的大框架表达模式。用这种模式去表达的时候，要适时抓住机会，迅速确认。

我们举一个生活中常见的例子，看看在同一个情景中，非 A 即 B 的话术框架和只有单一选项的问话方式有什么不同。

● 1. 单一选项的问话方式

甲："今天，能约你吗？"
乙："不，我没空。"
甲："能一起喝杯咖啡吗？"
乙："不，我真的没空。"

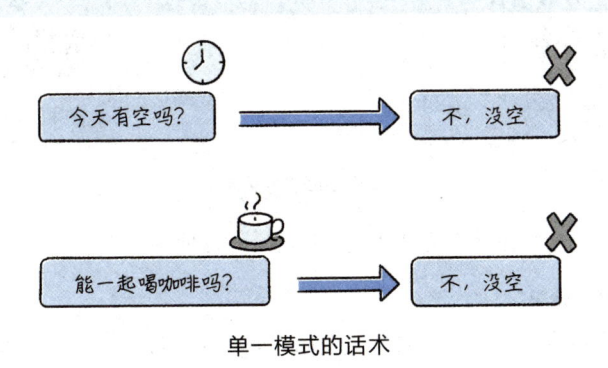

今天有空吗？ → 不，没空

能一起喝咖啡吗？ → 不，没空

单一模式的话术

可见每次只提一个选项，很容易让对方否定。这种单一选择的问话方式，只有 50% 的成功率，风险太高。

● 2. 非 A 即 B 的话术框架

> 甲："你周六时间充足还是周日时间充足一些呢？"
> 乙："周六加班，周日还可以。"

可见要让对方做选择题，他选哪个对你都有利。

给对方两个选择，对方通常不好全都拒绝，这就比较容易达成你跟对方交往的目的，所以非 A 即 B 就是提出不同的选项，把有利于你且对方容易答应你的选择包含进去再问。

所以大家平常要养成这种习惯，尤其是想邀约成功的话，就要提前想到对方可能拒绝你的理由，用非 A 即 B 的选择方式让对方不好意思全部拒绝你，只要对方答应了你，即便是退而求其次的约定，也能让你有机会达成继续交往的目的。

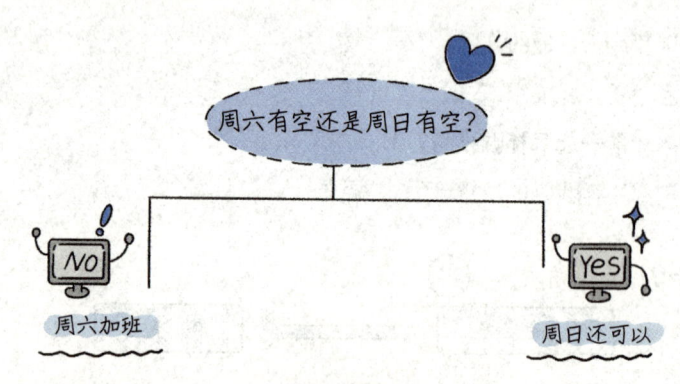

非 A 即 B 的话术

非 A 即 B 是第一个方法建议，第二个方法叫先大后小。

方法二：先大后小

先大后小地去提你的要求。比如你想让对方接受一个小请求，先用一个大的请求去给对方出难题，当对方倍感压力而不能满足你的时候，你再提出你的小请求，往往对方就会因为已经拒绝过一次，而答应你的小请求。

先大后小地提要求，其实就是醉翁之意不在酒。有人可能要问了，让对方直接答应大请求岂不更好吗？既然想让对方跟我交往，那就直接让对方接受大请求吧。你要知道，大部分人跟你还没好到一上来就直接接受大请求的份上，这个世界上除了你父母愿意无条件地接受你的任何请求，其他人都是要讲条件的。

先用大请求，目的就是先让对方拒绝你，而后激发对方的愧疚感，从而让对方更容易满足你的小请求。接着上面的案例往下演示。

甲："那周日我们去吃饭，还是喝杯咖啡呀？"
乙："可是我不确定有没有空啊！"
甲："哦，既然时间那么紧，那就喝杯咖啡吧！"
乙："嗯！喝杯咖啡还是可以的。"

不过在此提醒一下，先提大请求的前提是能激发对方愧疚感，而不是一下子把对方给吓跑了，让对方觉得你过分就不好了，所以还是要把握分寸，因人因事而异。

方法三：转求为共

转求为共，就是把你单方面对对方的请求，转换为一种双赢合作。 人际交往中免不了求人办事，但如何说，才能把求人的感觉变成合作的感觉呢？

比如说找人帮你约客户，或者让人跟你一起去拜访客户这种事。不会找人帮忙的，就会这样说："求求你，跟我一起去见他吧，我一个人去见那个客户比较紧张，你还是陪我一起去吧。"这是一种卑躬屈膝的求人相，会给别人很麻烦的感觉，并且会让别人觉得你强人所难。而会找人帮忙的人就会这样说："你跟这个客户也很久没见了吧，那他们一定也很关心你最近在干啥？不如咱们一起去啊，正好你也可以了解了解他们最新的计划。"这样说是不是就会好很多？这是把对方拉到跟自己一条战线上去共同面对，问题反而成了机会。

我们平常说话口吻的不同、出发点的不同、思维方式的不同，都影响着对方的配合度。

方法四：借力他人

这个方法特别适合首次约女生出来时使用。你要知道，单独约一个人，尤其是单独约一个女孩，很多时候人家可能会考虑各种问题。比如缺乏安全感，毕竟你对人家来说还比较陌生，凭什么要见你呢？没有理由啊。单刀赴会这种事，往往只是英雄所为，对一个处于比较弱势的尤其是面对陌生人的普通人来说，想让人单刀赴会去见你，简直太难了，那怎样让对方更有安全感，让对方觉得你更靠谱，愿意赴约呢？

你可以邀她和朋友一起参与你的活动，或者跟你一起吃饭，一起旅行，这样就没问题了，对方也会比较容易放得开，这样才好交朋友。当然，你也可以借助你们共同的友人协力助攻，打电话给你想深入接触的她："那个×××刚才约我了，说星期天搞活动，约的都是上次见过的那些朋友，提到你我都得过去给他捧捧场，到时这边我组织，带你一起去吧。"

这样便给你提供了深入交往的机会。借助共同友人助攻，是一个邀请别人不错的方法。

在这一节咱们给大家提到了4个方法，希望对你约会、邀约这方面的事情能够有所帮助，也希望你能够通过约功轻松约到自己想要见到的人。

CHAPTER 4
第四篇

各种场景如何应变

19 | 宴功：宴会聚会的功夫

一个人一生中要参加很多的宴会，从满月宴、百日宴、周岁宴，再到升学宴、毕业宴、婚宴、家宴、寿宴等，另外，从上学时的宿舍聚会、班级聚会，到工作后的同事聚会、社交酒会、公关饭局、公司年会，我们的生活处处离不开宴会。所以，务必要懂一些宴会上的社交规矩和功夫，简称宴功。

人际交往离不开请客吃饭，也免不了觥筹交错，这都是人与人之间交往的媒介，尤其在中国式饭局上，酒桌文化是不能不懂的。可是身为主人或者客人，我们应该在这种场合注意些什么，又有哪些忌讳，有哪些讲究，怎么才能在宴会场合游刃有余，赢得尊重，以便未来取得更多的合作，都是我们要学习的。

这一节我们重点谈谈宴会时要懂的规矩、礼仪、禁忌和注意事项等。

主人宴请时的 7 大注意事项

（1）**列出名单**：我们要提前做好这方面的人员规划，明确各方都有哪些人出席，并且根据人员的身份、地域、忌讳等情况，合理地安排宴会地点和菜品。

（2）**确定时间和地点**：提前通知赴宴人员准确的时间，让人好做安排。确定好地点后，还要提示赴宴人员这个地点有没有什么要注意的地方，比如交通、停车位等是否方便。

（3）**选好场地**：根据客人的尊贵程度定好规格，然后选择规格匹配的房间和菜品等。

（4）**提前到场：** 提前做一些相关准备，比如提前找好停车位，准备好桌牌，安排好接待和引导，准备一些零食、饮品等。

（5）**定好菜谱：** 对这家餐厅的菜品、招牌菜、包含的菜系要有一定了解，我们如果请客人点餐，而客人一直推托，那我们就可以用最高的效率去安排符合规格的菜品。

（6）**安排座次：** 准备好名牌，如果不需要名牌，我们至少要知道参会人都是谁，到时候就知道怎样做好引导和安排座次了。

（7）**巧妙买单：** 观察大家基本上吃得差不多，事情也聊得差不多，但是还没有完全结束的时候，低调巧妙地去买单，我们要采取低调委婉的方式，借以相关的理由，不管是上厕所还是接打电话，总之不要在最后客人走的时候自己再去买单，那样会让客人感觉不太好意思。如果拖延很长的时间又容易冷场、尴尬，最重要的是，你买单的账单让客人看到了，就相当于你给客人定了一个回请的标准，这是一个很失礼的表现。

主人宴请时的7大注意事项

身为客人，我们在参加宴会的时候，又该有哪些注意事项呢？

客人在宴会上的注意事项

1. 配合主人

(1) 准时赴宴。不要让其他人等着我们来开餐。

(2) 点菜配合要讲究。如果主人力邀你去点餐,你该怎么办呢?

第一点:还是要客气礼让一番,不能太主动。礼让一番之后,如果大家或者主人仍然坚持让你来点,不必过于推托。

第二点:视饭店和人群规格,揣测主人宴请标准,点一个大家都不忌口的试试。

第三点:礼貌地征询大家意见:这是否合大家的口味?大家有没有哪些是不吃的?确认一下,这样就会给大家一个照顾了所有人意见的感觉。

第四点:参照点菜4原则。

> 原则1:人均一菜。根据所参与的人数,一般情况下可以人均一菜,如果男士相对比较多,我们可以多加一些菜品,多点一些荤菜,如果女士相对比较多,我们可以多点一些清淡点的菜品,也就是根据人员构成来定菜品。
>
> 原则2:荤素搭配。正常情况下是荤多于素,7:3是比较合适的,当然也得根据男女比例,上面已经提到了。
>
> 原则3:符合规格。我们来到餐厅的时候就应该知道这是一个什么级别的餐厅,预估这里的消费标准和赴宴人员的级别,然后点菜就要符合规格,既不宜点太便宜的让主人没面子,也不宜点太贵的增加其他客人及主人的压力。
>
> 原则4:注意禁忌。注意赴宴人员的禁忌,我们可以从4个方

面去了解他们的禁忌。

健康禁忌：有些人可能身体不适或刚做完手术，不能吃太辛辣的；有的人有糖尿病，不能吃太过油腻、太甜的……

宗教禁忌：注意赴宴人员有没有相关的宗教信仰。

地区禁忌：根据赴宴人员的地区特点点餐，比如给广州人多点些甜品是没有问题的，如果是湖南人，我们就多点一些辣的食物。

职业禁忌：对大家的职业要有一定的敏感度，比如说赴宴人员中有公务员，尤其是高级公务员，一般情况下他们外出就餐都是有规定的，禁止大吃大喝，点菜规格太高的情况下会让对方很有压力，吃不舒服。

以上就是点菜的 4 个原则，人均一菜，荤素搭配，符合规格，注意禁忌。

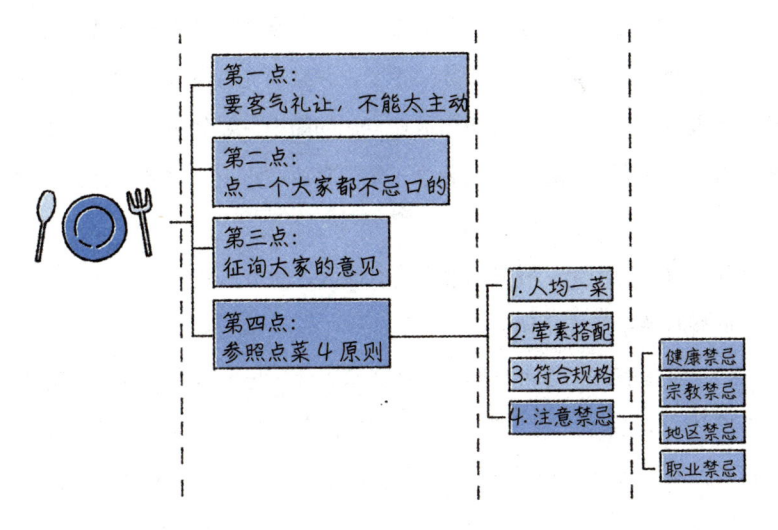

点餐要注意的 4 点

2. 餐巾餐具相关的使用建议

一般宴会上会放有三类餐巾：一个是湿毛巾，一个是纸巾，一个是餐巾布，餐巾在使用上是有一定之规的，要合理使用防止失礼。

●**餐巾的使用建议：**

（1）**湿毛巾：**湿毛巾刚上来其实是给我们擦手的，不能用来擦脸、擦眼、擦脖子或者擦桌子等，有时在宴会结束前，会再上一块湿毛巾，和前者不同的是，它只能用来擦嘴，如果你用它来擦汗擦脸，那就真的尴尬了。

（2）**纸巾：**是用来擦拭油污或者是做遮挡用的，比如说你剔牙的时候做一下遮挡，或者是包残渣，这都是比较符合礼仪的情况。

（3）**餐巾布：**餐巾布一般情况下要放置在我们大腿上，是防油污的。一般都是从餐桌上拿起餐巾布，先对折，再将褶线朝向自己，摊在腿上。绝不能把餐巾布抖开，或塞在领口，或将其一角塞进腰带里，这些都是错误的方法。

如果你中途离开一下，要将餐巾布折叠起来放在椅子上，是不能放在桌子上的，放在桌上意味着你要走了，并且要先看主人，主人如果先打开餐巾布，我们才打开餐巾布放在自己的腿上，要结束的时候等主人把餐巾布放在桌上，你才能把餐巾布拿起来放在桌上，这都是有礼仪讲究的。

除了餐巾的使用，餐具的使用也有误区，简单提几个。

●**餐具使用的常见误区：**

（1）**洗指碗：**洗指碗一般是一个玻璃小碗，里面有时还有一些花瓣或柠檬片作为装饰，碗下通常会垫一块小巧精美的垫布。洗指碗往往伴随着海鲜、甜点、烧烤等需要用手拿的食物出现。使用时应将单手手指第二关节以下部位浸入水中，稍稍清洗，然后用餐巾擦干。动作不要太大，要从容优雅。需要注意的是，不要把整只手泡入碗中，洗指碗不是用来洗手、洗嘴的，更不是用来喝的。对于不经常吃西餐或对洗指碗缺乏了解的朋友，当洗指碗上桌时，因为里面有柠檬片或花瓣，很容易把它当成饮料饮用，以致给周围的人留下不好的印象，令人尴尬不已。

(2) **筷子**：中餐用餐礼仪中，筷子的使用需注意下面几个问题。

①与人交谈时，要暂时放下筷子，不能一边说话，一边像舞指挥棒似的比划筷子。

②筷子是用来夹取食物的，用来挠痒、剔牙或用来夹取食物之外的东西都是失礼的。

③千万不要去舔筷子，哪怕筷子上有残留物，因为用舔过的筷子去夹菜，一定会倒人胃口。

④不要把筷子竖插在食物上面，在中国习俗中只在祭奠死者的时候才用这种插法。

(3) **牙签**：牙签也是中餐餐桌上的必备之物。它有两个作用，一是用于扎取食物；二是用于剔牙。但是用餐时尽量不要当众剔牙，非剔不可时，要用另一只手掩住口部，剔出来的食物，更不要随手乱弹、随口乱吐。剔牙后，不要叼着牙签，更不要用其来扎取食物。

除了上述餐具餐巾类的使用注意事项之外，还有很多未谈到的餐具使用误区，尤其是在吃西餐时，但由于篇幅有限，无法全面展开，还望大家之后多关注这方面的知识，以免尴尬。那除了这些注意事项，客人在宴会上还要怎么表现，才更令主人满意呢？

3. 敬酒碰杯的礼仪

(1) **不能先于领导**。我们千万不要在领导给大家敬酒之前，自己就去敬酒了。我曾经在一次宴会上就遇到过这种情况，主桌上全都是校企领导，主人还没开始敬酒，一个年轻的志愿者就上来敬大家，这让大家都很尴尬。另外敬酒的时候一定要站起来，用双手举杯，以显示尊敬。

(2) **慎重以一敬多**。除非你是领导或是长辈，可以一人敬多人，大部分情况只能一敬一或多敬一。一定要注意这个细节，有些人就比较容易犯这样的错误，就像我刚才说的那个年轻人，第一，主人还没有敬酒他就敬酒，僭越了；第二，他是一人敬多人，这样大家很尴尬，这酒是喝还是不喝，起身还是不起身？不喝吧怕伤了你面子，喝吧又是不给主人面子。这真的是一个人不会做人，让一群人都不好做人。所以，辈分不到时，允许多人敬一人，不要一人敬多人。比如你携自己的团队或自己的部门同事，过来向自己的大领导敬酒，顺势表态或感谢领导，就是比较合适的。

(3) **敬人要多喝，碰杯要喝完**。自己敬别人的时候，如果不碰杯自己喝多少可视情况而定，看对方酒量和对方的喝酒态度，但是不可比对方喝得少，要知道这是自己敬别人。

自己敬别人的时候，如果要碰杯，那就最好都喝完了，碰杯后一般你可以随上一句话"我干了您随意"，这样就可以显出你的大度。

(4) **替人喝酒要找好理由**。不要擅自代替领导喝酒，要在领导授意或明显有这个意思的时候才可以，并且代喝的时候也要讲究一个说辞，你还得装作自己是因为想喝而不是为了替领导喝酒而喝，就是你不能让人觉得你的领导不行。如果这招你会了，那领导绝对给你大大的赞！如果领导真的不胜酒力，你可以通过旁敲侧击的办法把准备给领导敬酒的人给拦下，并且替领导喝，还得说这酒太好喝了，假装向领导申请自己能不能多喝两杯。

(5) **敬人碰杯低三分**。敬酒时要右手握杯，左手垫杯底，记得自己的杯子低于别人，如果你是领导接受敬酒，那你就得注意，不能放太低，不然，让下面人怎么做人，你放低，人家也放低，一会儿都放到膝盖下面了，那还喝不喝？所以作为领导的不能放太低，但是平常我们比别人要低一些。

（6）**逐一敬酒按顺序**。如果没有特殊人物在场，敬酒最好从最尊贵的人物开始，按顺时针，不要厚此薄彼，不要交叉碰杯，也不要跳跃碰杯，这是要注意的。

（7）**敬酒先说祝酒词**。敬酒碰杯的时候要有说辞，要有祝酒词，不然，人家干嘛要跟你喝酒？所以，祝酒词一定要在敬酒前提前想好。

（8）**感情到位再言商**。酒桌上不谈生意，喝好了生意就差不多了，大家心里其实都有数，所以，在感情还没到位的时候就开始谈生意是不合适的。

（9）**添酒倒茶讲分寸**。记得多给领导或者客户添酒，但也要看领导意思和酒量；倒茶的话就要随时注意茶杯的情况，只要有一两个杯子里的茶少于三分之一，就立刻给所有人添茶，就算是满的也要假装添一点，顺序是从左往右。

（10）**碰杯喝酒要大气**。跟人碰杯的时候，要注意不要杯身碰，要杯口碰，这是表示敬意；碰完后要记住，不要吸酒，倾倒比吸显得豪放大气；同时，喝酒的时候不要看别人，这是一个非常不礼貌的行为，喝酒观察别人是太有心机的表现；并且不要坐着喝，要站着喝完了才能坐；同时喝酒的时候不要说话，喝酒就是喝酒，喝完了酒怎么说都可以。

这就是敬酒碰杯的 10 点注意事项，相信你做到这 10 点，会有效提升你平常在酒场上的表现。

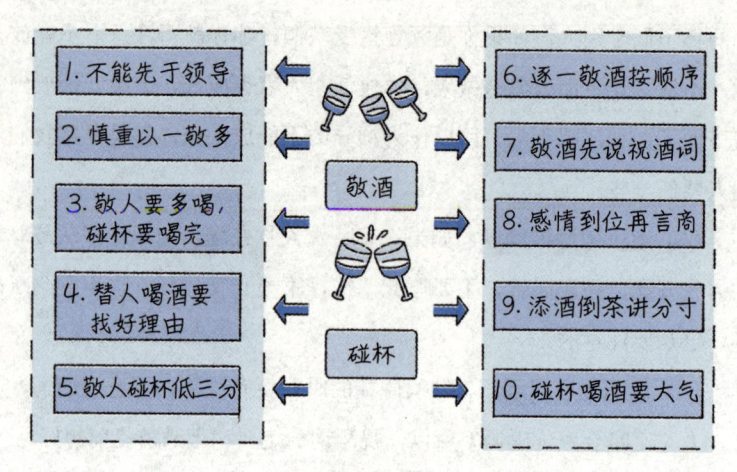

```
┌─────────────────────────┐         ┌─────────────────────────┐
│  1. 不能先于领导       │ ← →     │  6. 逐一敬酒按顺序     │
│  2. 慎重以一敬多       │ ← →     │  7. 敬酒先说祝酒词     │
│  3. 敬人要多喝,       │ ← → 敬酒 │  8. 感情到位再言商     │
│     碰杯要喝完         │         │                         │
│  4. 替人喝酒要         │ ← → 碰杯 │  9. 添酒倒茶讲分寸     │
│     找好理由           │         │                         │
│  5. 敬人碰杯低三分     │ ← →     │ 10. 碰杯喝酒要大气     │
└─────────────────────────┘         └─────────────────────────┘
```

敬酒碰杯的礼仪

宴会上的特别禁忌

（1）**在宴会现场尽量不要吸烟。**尤其周围有女士、孩子、老人以及呼吸性疾病的人的时候。

（2）**避免不雅细节。**比如说打嗝、放屁、抠鼻、剔牙、吐痰、擤鼻涕、勾肩搭背等，这些都会影响其他人的食欲。

（3）**吃东西不要发出声音。**包含喝汤的时候别咕噜咕噜响，吃东西的时候也别吧唧嘴等。

（4）**请菜不是夹菜。**你觉得某个菜很有特色，确实想给对方推荐，可以给对方好好介绍一下，介绍完了就能请对方夹菜，千万不能拿着自己的筷子给对方夹菜。

（5）**祝酒不劝酒。**多以祝福的口吻敬酒，但是不要劝酒，中国的劝酒文化很浓重，但是在正式的礼仪场合，一般都是祝酒不劝酒。下面有关于祝酒词怎么说的建议。

祝酒词的表达建议

关于祝酒词,一般情况可以从 4 个方面表达:

(1) 可以表示敬重。如果对方有你特别佩服敬重的地方,可重点强调以示敬重。比如:"张总,在 ×× 方面,我最敬重的就是您了!这杯酒,我敬您!希望以后多多指教!"

(2) 可以表示感谢。可以简述一下事实,以表谢意。比如:"王总,如果没有您对我一直以来如父如兄的照顾,我不可能取得今天的成绩,尤其是 ×× 事,让我此生难忘,所以这杯酒敬您!"

(3) 可以表示庆祝。如逢集体狂欢、同喜或对方有好消息,可借敬酒以示庆祝。比如"来,我敬大家一杯,咱们经过 ×× 的努力,终于获得今天的成功,一起来干一杯!干!"

(4) 可以表示希望。借敬酒向对方表示希望或祝福。如在寿宴、店庆或年会等场合,对主人表示希望或祝福。如:"李总,祝您的事业越做越大,祝咱们的合作长长久久!敬您!"

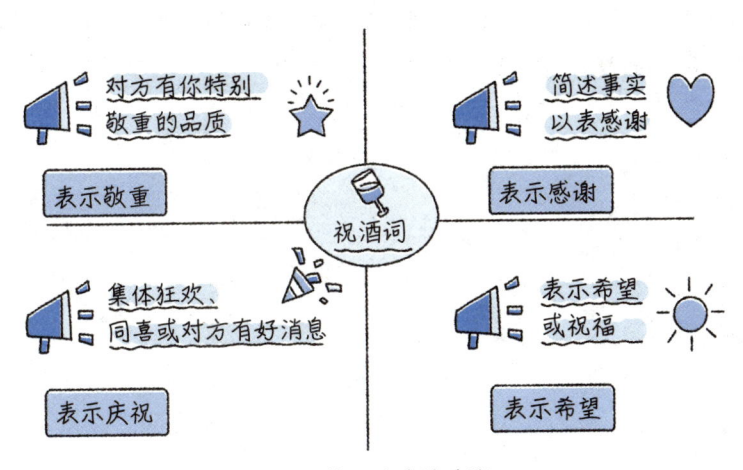

祝酒词的 4 个表达建议

包括你敬下属的时候也是一样:"希望你在下次能够有更××表现,来,干了这杯!"

以上就是祝酒词的4点思路。

宴会座次的礼仪

开会的座次,国内的标准和国际的标准有所不同,比如说政府会议是以左为上,国际会议是以右为上。接下来咱们说说比较常见的宴会上的座次礼仪,有5个原则供大家参考:

①面门为上;②以右为上;③居中为上;④以远为上;⑤前排为上。

以上原则在很多宴请或开会的时候都会用得上,为上就是为尊的位置,基本上在宴会现场都是以右为尊,所以如果你能够找到主人,就自然能找到主宾。

其实,宴会的规矩礼仪和应对方法远不止这些,我们还有很多要懂,哪怕就是一个座次,圆桌的时候怎么坐,方桌的时候怎么坐,长桌的时候又该怎么坐,一桌变多桌,又该怎么安排座次等,都有一定的讲究,我们可以结合实际加以学习应用。

20 | 敏功：人际敏感度修炼

黄渤和汪涵是娱乐圈出了名的高情商的人，因为他们在每一次出镜时，总能恰如其分地照顾所有人的感受，表现得有涵养、有温度，做事有分寸、有原则，相处起来让人觉得舒服又妥帖。难怪林志玲多次在公开场合表示："我的择偶标准就是黄渤，照着他的条件来找。"

一个人的情商高，说到底是源于他每次对人际关系敏感度的把握都恰到好处。人际敏感度，就是能随时体会到周围人感受并能照顾到所有人感受的能力素质。

想成为汪涵、黄渤这样受欢迎的万人迷，要先让自己学会在意并照顾他人的感受，也正是本节要讲的敏功。

"敏感度"和"敏感"的区别

人要有敏感度，但不能太敏感。

"敏感度"和"敏感"虽然只差一个"度"字，但境界和结局往往有天壤之别。有"敏感度"的人，有主见，也有分寸，有自尊，也有敬畏，不捧高，也不踩低，最重要的是他们会先做好自己。他们往往都有一颗强大的内心，他们的世界是由自己控制的。他们总是能主动分拣外在信息，以决定接受什么或忽略什么。

而"敏感"的人往往相反，这类人很容易受外界干扰，容易往负面想，且越陷越深。同类人的一些优异表现，会让他们觉得受到了压制，别人的一句批评，会让他们觉得受到了轻视，从而再也不敢主动表现，甚至别人的一些不经意的话都有可能引起他们的负面联想。时间长了，谁跟这类人相处都会觉得累，因为谁也不能保证他何时又会被激发情绪，其实他自己活得更累。因为你不喜欢这种人，可以躲着他；而他却无法躲开那个无限瞎想的自己。

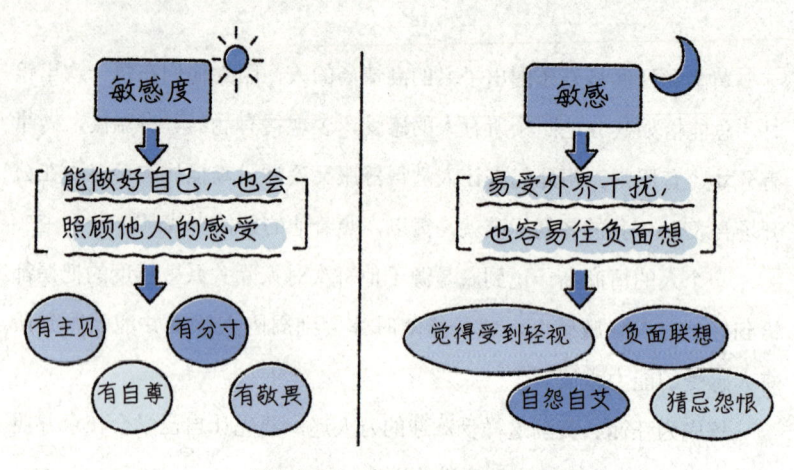

```
         敏感度 ☀                          敏感 ☾
           │                                │
  ┌────────▼────────┐              ┌────────▼────────┐
  │ 能做好自己，也会 │              │ 易受外界干扰， │
  │   照顾他人的感受 │              │ 也容易往负面想 │
  └────────┬────────┘              └────────┬────────┘
           ▼                                ▼
    有主见   有分寸                  觉得受到轻视   负面联想
    有自尊   有敬畏                     自怨自艾   猜忌怨恨
```

"敏感度"和"敏感"的区别

人际敏感度决定发展上限

相信看过《开讲啦》的朋友，一定不陌生撒贝宁对嘉宾的那套惯用刁难型问题："当×××和×××同时掉水里，你先救谁？"当然，明星嘉宾的回答虽风格迥异，但都不乏睿智。而咱们既然要聊聊"人际敏感度"，那我就重点提一下令我印象深刻的汪涵吧。

记得撒贝宁现场问汪涵："如果何炅和杨乐乐同时掉水里，你会先救谁？"

汪涵顿了一下说："我相信还没等我下水，我的老伙计何炅就把乐乐救上来了！"

一语三关！一是巧妙回避了自己先救谁；二是用一种相信的口吻，表示了和老伙计的感情；三是放大老伙计主动救人的自发性人格魅力。

同时，这也暗示了他们的默契不容置疑！

这就是人际敏感度的体现，不失态度，不失格局，不失坦诚。

接下来撒贝宁开始了二次进攻："如果你和乐乐同时掉河里了，你估计何炅先救谁？"

汪涵想了想说："老何，应该还是会先救乐乐吧！"接下来他停顿了一下，再一出口，全场沸腾，"因为他会通过我的眼神读出我最想要他做什么。"

漂亮！又是一种相信的力量、坦诚的回应，不仅用自我牺牲的勇气表达了对老婆的深爱，又巧妙地放大了朋友之间的默契和他们之间情义的境界。

大家都知道，汪涵最初从基层的场工做起，杂务、灯光、音控、摄影、现场导演样样涉足，到成为中国一流的主持人，从"抬桌子"到"台柱子"，汪涵确实用努力行动证明了自己，正如那天他的演讲主题《不要轻视行动的力量》。

但大家有没有想过，没有上过一天正式大学的他，从别人眼中的"奇葩"成为今天的"奇迹"，难道真的只是努力行动那么简单吗？

这个世界向来不缺乏努力行动的人，但不是每个场工都能有汪涵这样的成就；这个世界也从来不缺乏有学历甚至有能力的人，但不是每个专业出身的主持人都能有汪涵这样的成就。

同样是混职场，同样很努力，但晋升速度就是不一样。同样是做生意，同样很努力，但发展速度就是不一样。

努力往往决定着人的发展下限，而敏感度或许决定了人的发展上限，能让人更好地生活着！有的人一直忙碌却碌碌无为，到最后才发现，不是自己不够努力，而是错过太多机遇。那为什么会错过呢？归根结底，还是人际敏感度不够。一个人若混得不好，绝不是因为他运势不好、机遇太少,而是因为他对这些都缺乏敏感度,所以自然抓不住。

一个人够聪明的话,不要听别人说什么,而要看别人做什么以及怎么做。

没有敏感度,就会害人害己

现实生活中,有太多人因为没有人际敏感度而在不断地害人害己。

相信不少人都听过下面这个段子。

> 有一个人请了甲、乙、丙、丁四个人吃饭,临近开饭的时间了,丁迟迟未来。
>
> 这个人着急了,一句话就脱口而出:"该来的怎么还不来?"刚到未坐稳的甲,听到这话不高兴了:"看来我是不该来的!"于是就告辞了。
>
> 这个人很后悔自己说错了话,连忙对乙、丙解释说:"不该走的怎么走了?"正玩手机的乙心想:"原来该走的是我喽!"于是也走了。
>
> 这时候,丙对他说:"你真不会说话,把客人都气走了。"那人辩解说:"我说的又不是他们。"丙一听,心想:"这里只剩我一个人了,原来是说我啊!"也生气地走了。

由此可见,人际矛盾的产生,往往由于人际敏感度的不足。现实生活中,我们不也经常犯这样的错误吗?

> David 是公司新聘请的职业经理人,海归派,由于作风西化,不但要求同事间完全省略职称,全以英文名字相称,而且对下属说话时,不是勾肩就是搭背。他以为这是民主、亲切的表示,殊不知

> 才一个月的工夫，就有女同事接二连三地辞职。最后连他的行政助理Shirley也递了辞呈，他莫名其妙地问Shirley："你为什么要辞职？是不是不满意你的薪水？"Shirley摇头说："都不是，我只是受不了你碰我！"David当场愣住，哑口无言。

如果我们不想把自己的努力和好意白费，就必须学会提升人际敏感度。

加强人际敏感度的9个建议

1. 活在对方的世界里，但要给自己留扇门

我不止一次地给学员们强调，想让人喜欢你、支持你，就要活在他的世界里。你有多懂对方，就有多大能力主导对方的行为。但不要忘了，不能为了适应别人或讨好别人，而忘了自己的主见。这就好比你想影响别人而走进别人的世界，却忘了给自己留扇门，回不来了，这种牺牲往往让你后继乏力。走进别人的世界，是为了调研取证别人真正的兴致所在，以让你更好地应对对方的内心变化，但毕竟你自己还是影响源。

美国学者亚利山大·德拉博士等人曾经提出"白金法则"。其要点是，在人际交往中要取得成功，就一定要做到：交往对象需要什么，我们就要在合法的条件下努力去满足对方什么。这里有3个要点：行为必须合法，交往以对方为中心，交往应当有效地满足需要。换句话说，就是公众法则敏感度+换位立场敏感度+方式方法敏感度=成功。

我经常听到这样的话，"我就是不能做到活在对方的世界里。"其实，"活在对方的世界里"根本不是你能不能的问题，而是你要不要的

问题。只要你愿意这样做，只要你足够在意对方的感受，你就一定可以在一次次与人交往的过程中增强人际敏感度。

人终究还是要活得开阔坦诚一点，当你真正习惯于在意别人的感觉，你才会活得真正轻松。你会变得更能理解人，你可以更快地察觉到对方对你做的事有什么反应。有句话叫"懂比爱重要"，有敏感度的人，温度和爱，都不会少！

2. 靠历练和环境，让内心强大起来

很多人之所以太敏感，是因为缺乏磨炼，加之外界环境的刺激，最终导致其内心安全感不足、自信心不够。所以病症在哪里，就从哪里入手解决。

内心强大之人，往往很难因外界受伤，因为他们总是向内要评价、找方法。拿我自己来说，小学初中时，家里经历了很多波折，中学时的我是典型的超敏感型，属于开不起玩笑、遭人回避的那种人。别人的说笑、眼神，总是很容易让我联想到歧视。现在想想那时的多愁善感，都还挺心疼自己的，总是莫名地"玻璃心"、受刺激、感到忧伤，排解的方式就是撕书，甚至遇到利器总容易联想到扎进我眼睛、肚脐或指甲缝的痛苦情景，当年确实困扰了我好久，甚至曾经一度抑郁。

好在后来遇到了一群爱开玩笑、善解人意的女同学，总是逗我开心，不知不觉在这样一种环境中促成了自己性格和风格的改变。而我更大的改变来自大学的折腾和成长，当时由于家里穷，必须要自己养活自己，所以在折腾了很多事、交往了很多人之后，发现自己原来可以通过自立自强变得更自尊自信一些。

经历了那么多之后，现在的我，对很多人和事根本怨不起来，自感内心无比强大，没人能伤害得了我，对别人情绪的变化也总是觉得能了然于心，一切尽在掌握的感觉。对我而言，如果没有那些折腾磨炼和

在与人交际中的成长，我想自己也不那么容易有后期的人际敏感度和对外适应力。

所以，总的来说，想提升人际敏感度，离不开磨炼内心对外在世界的适应能力。

3. 敬畏示弱，谦卑低调

就像你很难指望专横跋扈、盛气凌人的人能让你舒服一样，你也很难指望妄自尊大、自恃清高的人能多理解你。一个人的性格风度往往决定着别人对他的接受度。同样是跟人打交道，风格不相同，给人的感受就不一样。

"赢者示弱"是先人留下来的处世智慧，真正的人物，哪个没有敬畏之心和示弱精神？冯仑曾描述华人首富李嘉诚的宴会时提到，李嘉诚在不同的餐桌都为自己留了把椅子，不论那一桌的企业家知名度高低，他都会在每张餐桌交流15分钟。

4. 自尊、自信、自律，也要有弹性

一个真正敬重自我的人，才更容易做到敬人，因为自尊自重而来的那份成熟，会让他很容易做到推己及人。而自信的人，也同样像影响源一样，特别容易自动地影响他人。他们那种由内而外、浑然天成的自信，就是无言的证明，让人相处起来踏实安心。

除了自尊、自信，自律也尤为重要。对自己要求越高的人，越不容易犯低级错误。他不一定每次出手都是作品，但至少不会是烂品、废品，因为自律的作风不允许他这样做。

跟什么人都可以亲亲热热，但一定要做到清清白白。只要能做到怡然自得又不对他人起负面影响就是合适的。就像律师既要维护法律尊严、主持正义，也要完成当事人委托，如果两者处理不好，就很容易带来不良后果。

4. 自尊、自信、自律，也要有弹性

3. 敬畏示弱谦卑低调

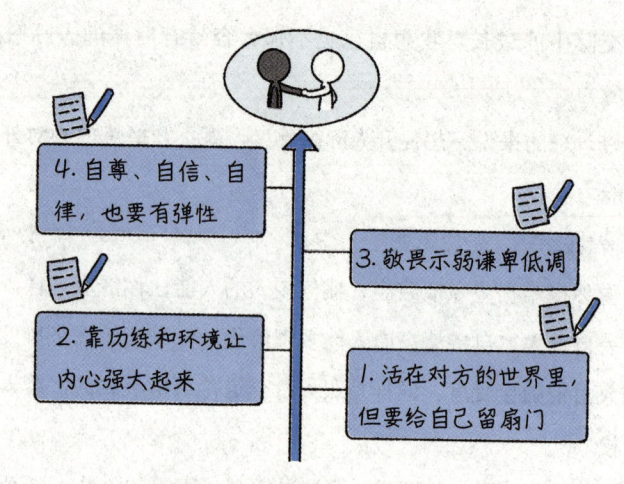

2. 靠历练和环境让内心强大起来

1. 活在对方的世界里，但要给自己留扇门

加强人际敏感度的9个建议（1）

5. 敢于认错，也要善于成全和宽恕

人没有不犯错的时候，怕的是"鸭子死了嘴壳硬"。如果这样，既得不到成长，也容易害人害己。这是一种恶性循环，久而久之，你会交不到知心朋友。

其实很多时候，若我们不占理，主动地承认错误，给人台阶，也不会有多少人非得理不饶人，要跟你较真到底。换个角度，得饶人处且饶人，善于成全和宽恕别人，人品留在别人的口碑里，恩情留在别人的心里，那份度人度己的释然或成人之美的愉悦留在自己心底，这样多好。

6. 多维思考，兼顾彼此

人的思维要像CPU，不应该是单核思维，而应该是多核思维，尤其在面对复杂的人际关系时，更是要做到统筹兼顾、面面俱到，而不是厚此薄彼、伤人之心。想做到这些，首先需要的就是你心里有众人，兼顾众人的感受。

一个人身处社会大环境中，却只活在自己的世界里，甚至还做着无视众人的表演，这就让人讨厌了。比如在公交车上拥吻或在地铁里吃包子、换衣服等尴尬事。

在中国式饭局里，稍有不慎就会让别人"享受"你给的不公平待遇。比如你一直跟某个人聊你们感兴趣的内容，而把其他人当空气，你身处其中却浑然不知，但是别人早已"冷冷的冰雨在脸上胡乱地拍"了。

还有人肆无忌惮地在餐桌上夸某个人，却完全忽略了其他人的感受。在你夸对面姑娘"我就喜欢像你这种瘦瘦的美女"时，你有没有想过你旁边胖姑娘的心情；在你夸对方老板是你"最佩服的人"时，你有没有看到你上司的脸色？

你要有敏感度，调整一下思路就可能面面俱到。

7. 避免先入为主的自传式回应

自传式回应，往往指的是我们在聆听别人讲话的时候总是会联系我们自己的经历，根据自己的行为与动机衡量别人，用自己的逻辑和经历去推理别人，这种行为往往会让彼此产生误会。最可怕的就是把自己放在对方的对立面去自以为是地拆解对方，甚至总是控制不住好为人师，这些举止往往会让人生厌。

过往成功的经验，总让人情不自禁地滥用，为了和谐，在你又要滥用你的自传式回应时，有意识地提醒一下自己：我要控制，控制，再控制⋯⋯

8. 尊重事实，有效分辨，不受情绪所控

没有调查，就没有发言权。可是现实生活中，有多少人说话、做事前是习惯做调研的呢？很多人对情况不了解时就急着表态，更有甚者不管青红皂白，便急着批评谩骂。职场上也常笑谈一种不做调研的领导叫"四拍领导"，即拍脑门做决定、拍胸脯作保证、拍大腿后悔、拍屁股走人。对一个不尊重事实的领导，这种评价并不为过。

谁都有自己的知识盲区，多一点了解，不好吗？

有一次因报销的事我给公司同事打了一通电话，当时是财务把要报销的财务表发给我审核，我发现一位同事有一笔不该报销的公关费，并且很明显。换个脾气不好的领导，有可能一上来就吼："这个该报吗？公司没规定吗？你是明知故犯，之前的教训还没长记性吗？"而我当时只是气定神闲地问了他一句："你能不能把这一项跟我说说情况，我想多了解一点。"就这样，一个语气和方式的变化，让我至少明白了当时的真实情况，也帮我做了最明智的处理。

当时的那句开放式问话，让坐在我身边的老婆顿时变得有些羞愧，因为很多次小置气都是在没向我了解更多的情况下发生的，赢了也不痛快。其实，任何感情的和谐发展，都建立在充分的双向了解的基础上。

9. 养成细审深察、揣摩确认的习惯

一个有敏感度的人，要善于察言观色、审时度势，这也是我们跟人

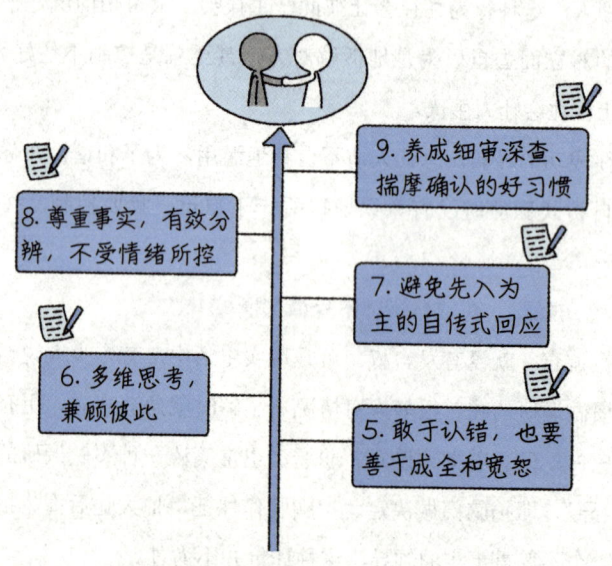

加强人际敏感度的9个建议（2）

打交道的基本功。因为人的心理活动或情绪变化，往往会不自觉地表现出来（更多微表情和身体语言密码的鉴别之法，可以关注"卢战卡"的公众号文章）。但对人表现出来的，你若不善于发现，就会沟通得很累还不见成效。

所以，我们要向老中医学习"望、闻、问、切"术，通过你看到、听到、了解到的，以确认的口吻跟对方互动，制造一种你很懂他的感觉。

以上就是加强人际敏感度的9个建议。

虽然人际敏感度的提升非一日之功，但只要愿意坚持在这些正确的方向上严格自律、完善改进，终会遇到更好的自己。希望假以时日，大家可以在人际关系上成为一个驾轻就熟的高手。

21 | 面功：求职面试的功夫

虽然关于求职面试的培训课已经非常多了，但是我们大部分人在求职面试上，还是会犯错，因为我们大部分人很少去系统地把握求职面试前前后后的关键点。

在这一节里，我会从框架上，给大家梳理一下求职面试全方位要把握的点，由于篇幅原因，我们无法把每个点都具体详尽地讲解完，但是从整体上，通过这一节的学习，我们可以全面系统地认识到求职面试应该从哪里突破。

那接下来，我们从 5 个方面跟大家聊聊求职面试。

第一方面：完美就业的标准和求职信息的渠道来源

在求职之前，我们首先要做一个功课，就是要结合自己的就业目标，通过不同的信息渠道来积累有质量的招聘信息。既然提到了就业目标，那什么才算理想的、完美的就业呢？我认为完美就业，一般都有 4 个标准。

1. 完美就业的 4 个标准

（1）**有前途**。指的是有发展空间。

（2）**有"钱途"**。指的是在物质回报上还不错。

（3）**有兴趣**。指的是从事自己感兴趣的领域，自己喜欢做。一般不感兴趣是很难把工作做到极致的。

（4）**有特长**。就是工作能发挥自己的核心竞争优势，容易形成竞争壁垒。

一份工作如果具备这 4 方面标准，那就属于超完美就业了。站在找工作的角度，就算 4 条不一定全具备，至少也要符合其中一条，那也可以算得上不错的就业，如果一条都不符合，就只能算将就了，非常不利于长远发展。

太多的人找工作前没把自己和工作分析明白。为了能完美就业，我们首先需要足够的信息来源，然后做筛选，那我们求职时可以通过哪些渠道获取招聘信息呢？总的来说，主要有 3 个。

2. 招聘信息的渠道来源

● 渠道 1：人脉关系

这个包含了平时你积累的各种可以借力的关系，整个社会就是一张关系网，我们在这个巨型网络中可以和好多个点发生链接，比如近一些的包括你的亲朋好友，远一些的包括你通过兼职或参加各种活动认识的人，这些都是你的人脉资源，都可以借他们的力帮你介绍一些不错的工作机会。

一般情况下，人脉关系根据熟悉程度和信赖感，分为强关系和弱关系，我们不仅需要维护强关系，还需要积累弱关系，因为你也不知道谁有可能是你事业上的贵人。一定要记住，你认识谁不重要，通过谁能帮你才重要，这就是所谓的人脉竞争力。

● 渠道 2：网络资源

我们要善于利用网络，不管是招聘类网站，还是猎头类网站，甚至交友类的软件或社群，只要你善于沟通，勤于互动，都有可能给你带来意想不到的收获。

你也可以多加入一些 HR 导师指导群，不仅能在平时多听一些对找工作有帮助的方法，还可以通过在群里的积极互动，引起更多 HR 导师团队的关注，他们的圈里全都是人力资源经理，有大把的工作机会，你跟他们混熟了就会获得一手的招聘资讯和内推的机会。

● 渠道3：线上线下招聘会

招聘会主要有两种，一种是学校里的招聘会，一种是人才市场的招聘会。每年校招季，不管是哪种层次的院校，都会召开一些招聘会，根据学校的学历层次和教学设置邀请一些招聘企业，这里要强调的是，你如果是学生就不能只关注自己院校的招聘会，你可以尝试走到其他大学的招聘会上，做更大的挑战和尝试。只要你在能力和经验上有自信和优势，没有企业会刻意跟人才过不去。

通过以上3种方式，只要你能找到足够多且有效的招聘信息，你就能根据我提到的完美就业的4个标准做好筛选，以免入错行。

接下来咱们聊聊制作简历的关键点，在这里给大家提3点小建议。

第二方面：制作完美简历的要点

1. 突出个人特长和优势

一个人的特长是其安身立命的根本，也决定了你未来发展的高度。想必大家以前都听过木桶理论，木桶的最短板决定了其容量的多少。而在当今这个时代，更流行长板理论，一个人能取得多大的成就，往往不是因为他极大地弥补了自己的劣势，而是因为他能不断地发挥自己的优势。所以说，如果你有特长，比如策划、演讲、编程，就在自己的简历里凸显出来，这是非常容易加分的，能把证明特长的事实呈现出来，就更有说服力了。

2. 契合职业需求

你的能力塑造最好能够契合你所竞聘的这个职位，你所面试的职位往往都有一些针对性的要求，不管是共性的，还是特别的要求，如果你的简历内容呈现刚好符合此岗位的要求，往往就会抓住面试官的眼球，这和卖产品是一个道理。

3. 工整完善的形式和内容

如何让你的简历令人耳目一新，看起来舒服，在这里讲几个小技巧。

小技巧1：以优秀模板作参考。简历模板的选择，原则就是不另类，也不能太大众化，最好是那种简练工整的，你可以选一些优秀的模板作参考。

小技巧2：全页统一，打印清晰。字体选择不超过两种，建议标题、小标题可以用华文黑体，美观雅致，正文用微软雅黑或宋体。

小技巧3：内容要精练、有重点、分清主次。面试官都不喜欢看混乱的简历。

小技巧4：突出成就，倒叙阐述。写自己经历的时候，要突出成就而不是经历，并且要采用倒叙法，从近况往前倒。

小技巧5：要么第一，要么不同。让人一下子就能看出你有什么绝对优势。

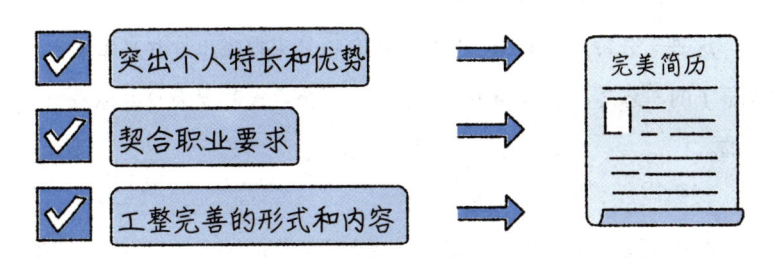

- ☑ 突出个人特长和优势 → 完美简历
- ☑ 契合职业要求 →
- ☑ 工整完善的形式和内容 →

制作完美简历的要点

第三方面：面试前准备的关键点

关键点1：备好名片及资料

准备好自己的名片和相关的可参考资料，比如说荣誉证书、资格证书、推荐信等。为什么要制作自己的名片？因为这是职业化的一种表现，并且能够让对方比较容易记住你，最好简历上也订一张自己的名片。

关键点2：润色简历并备份

去面试的时候润色自己的简历并且做一个复印件出来，方便对方留存，自己一份，面试官一份。

关键点3：调研目标公司及行业背景

去之前你一定要对对方的企业背景以及行业背景有足够多的了解，甚至是他们的网站上的一些新闻大事件，也要有一定的了解，这样你就可以结合他们企业情况来谈。

关键点4：一分钟自我介绍

这是一定要准备的，那么自我介绍重点要突出什么呢？

优势经历：用概括性的语言说明白，引起对方的兴趣。

技能特长：通过经历述说或展示等，体现出你某方面的技能特长。

个性求职原因及目标：个性化的求职原因和想要达到的目标，会给对方一种积极向上和为你而来的印象。

这是一分钟自我介绍，当然像姓名以及来自哪里这些基本要素还是少不了的，总之，优势经历、技能特长、个性求职原因及目标是一定要有的。

关键点5：设计成功的故事

在面试交谈过程中，面试官一定会了解你的过去，对方往往会根据你的过去判断你未来的可能性。

你的成功故事最好能体现你曾经是如何解决问题的，以及你曾经在处理问题上的态度，就是既要体现你的能力，又要体现你的态度或者思维方式。你要让对方通过你的过去看到你的能力、态度、经验以及思维方式。

关键点 6：准备好常见问题的答法以及自己要提的问题

一般情况下在正常面试过程中会有很多的常规题型，这种常规题型，针对不同的企业你应该准备不同的应对答案，同时，个性化问题也要提前准备，准备得越充分，越游刃有余，并且自己也要准备一些需要提的问题，提问题要有质量。

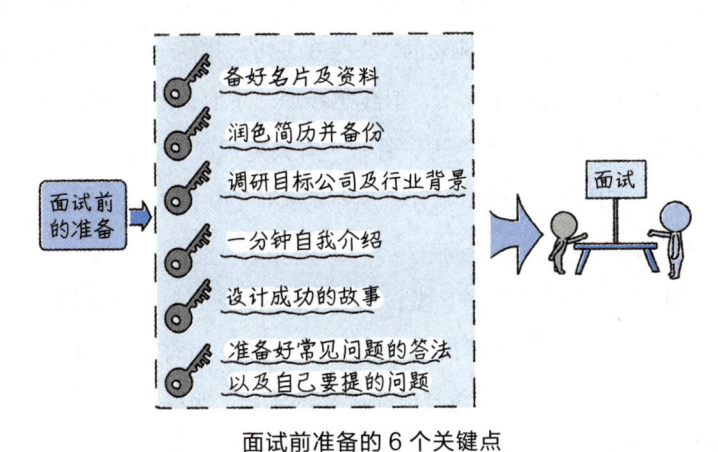

面试前准备的 6 个关键点

第四方面我们来聊聊面试环节的重头戏，主要有两个重点。

第四方面：面试环节的重头戏

1. 面试着装及礼仪

我们的面试着装，以及言谈举止、相关礼仪，很大程度上决定了你会给别人留下怎样的第一印象。一个人不可能在第二次给别人留下最好的第一印象，所以一定要重视这个首因效应。

2. 最佳应变状态

面试官比较喜欢那些自信的、坦诚的、有态度的求职者，只要你愿意很好地展现给对方，即使有些问题回答得并不漂亮，但你坦诚自信的状态也会打动面试官，从而帮你挽回局面。

第五方面：面试口才的 6 要点

这里，我们先来看这样一个案例。

某大公司招聘人才，经过三轮淘汰，还剩下 11 个应聘者，最终将留用 6 个。因此，第四轮总裁亲自面试。奇怪的是，面试考场出现 12 个考生。总裁问："谁不是应聘的？"坐在最后一排的一个男子站起身："先生，我第一轮就被淘汰了，但我想参加一下面试。"在场的人都笑了，包括站在门口的一个老人。总裁饶有兴趣地问："你第一关都过不了，来这儿有什么意义呢？"男子答："我掌握了很多财富，因此，我本人即是财富。"

大家又一次笑得很开心，觉得此人要么太狂妄，要么就是脑子有问题。男子说："我只有本科学历，中级职称，但我有 11 年工作经验，曾在 18 家公司任过职……"总裁打断他："你的学历、职称都不算高，工作 11 年倒是很不错，但先后跳槽 18 家公司，太令人吃惊了，我不欣赏。"

男子站起身："先生，我没有跳槽，而是那 18 家公司都先后倒闭了。"在场的人第三次笑了，一个考生说："你真是倒霉蛋！"男子也笑了："相反，我认为这就是我的财富！我不倒霉，我只有 33 岁。"这时，站在门口的老人走进来，给总裁倒茶。男子继续说："我很了解那 18 家公司，我曾与大伙努力挽救它们，虽然不成功，但我从它们的错误与失败中学到许多东西；很多人只是追求成功的经验，而我，更有经验避免错误与失败！"

男子离开座位，一边转身一边说："我深知，成功的经验大抵相似，很难模仿；而失败的原因各有不同。与其用 11 年学习成功经验，不如用同样的时间研究错误与失败；别人的成功经历很难成为我们的财富，但别人的失败过程却是！"男子就要出门了，忽然又回过头："这 11 年经历的 18 家公司，培养锻炼了我对人、对事、对未来的敏锐洞察力，举个小例子吧——真正的考官，不是您，而是这位倒茶的老人……"

全场 11 个考生哗然，惊愕地盯着倒茶的老人。那老人笑了："很好！你被录取了！"

1. 感觉

感觉，就是不仅要让面试官对你有感觉，还得让他对你持续有感觉。有感觉，就是要让他眼前一亮，不管是感兴趣还是好奇；持续有感觉，就是要步步升温，让他对你感觉良好。

很明显，这个屡试屡败的男子在这两点上都做到了。在他说出第一句话的时候，那种诚实、勇敢、自信、不凡的感觉，就像一个立体的人格画像，让人眼前一亮。接下来的两步铺垫和有理有据的分析，也给面试官一种"清新脱俗"的感觉，着实令人印象深刻。

沟通的最高境界是让对方感觉良好，所以，不管是第一印象，还是整个聊天的过程中都要让面试官感觉很舒服，这才是目的。所以，我们在面试着装、礼仪、自我形象管理，以及沟通方式和状态等方面，都要想办法去提升，给对方制造好的感觉。

2. 状态

要拿出自己自信的好状态。状态，很多时候是情绪的一种反应，情绪是最容易传播、最容易感染人的，所以只要自己的情绪状态达到了一定程度，你就会通过它去影响对方对你的判断。如果自己都不够坚定，又何以获得别人的认同？

上述这个案例中，男子的几次回答都遭到了嘲笑，但他仍然坚持着说下去，这本身就是一种绝对自信的表现，他的坚定状态和设疑的表达方式，如果对总裁没有吸引力，总裁也不可能继续给他时间去证明自己。

永远记住，在影响他人的因素中，状态至关重要。

3. 见证

我们不能只靠嘴上功夫，事实胜于雄辩，要有足够的事实，足够权威的第三方见证，用证据提升说服力。比如说曾经参加一些大型比赛获得的荣誉证书，权威机构颁发的相关证书，或者是别人给你写的推荐信，自己有据可查的成功案例，都能够提升我们的说服效果。

该男子用他"在18家公司任过职"的事实来证明他"更有经验避免错误与失败"的结论，并且他选择了一个很不错的表述角度，扬其屡败屡战之长，避其屡战屡败之短，很好地证明了自己。

4. 融合

要善于融合，就是要善于走进对方的世界，感知对方的情绪和兴趣，见不同的人聊不同的话题，这就要求我们在性格上和知识上要有准备，所以我经常跟大家说，作为一个面试者，想在任何面试场合都游刃有余，首先性格上要像水一样，走到哪里就是哪里的形状，其次要像杂学家一样，有比较渊博的知识，什么都能聊，这就是融合。但是切忌自嗨和跑题，聊不到重点。

这位男子之所以能让面试官饶有兴趣地听下去，就是因为他能通过开始的几次短句回答将自己融合进对方的世界里，感知对方想听什么，从而方便自己逐步展开优势。

5. 区隔

在面试口才上，我们要注重区隔竞争对手，因为你参加面试的时候，会有很多水平跟你一样的人，甚至某些方面比你还优秀的人同你一起竞聘这个职位。那如何让面试官选择你而不选其他人？这就需要我们具备一种区隔的能力。

这位面试的男子结合了自己独特的经历，用"失败的经验比成功的经验更重要"的理念,直接证明了他的差异化竞争优势。他又用"这些经验锻炼了我对人、对事、对未来的敏锐洞察力"的说法及现场指出真假总裁的能力展示,有效区隔了其他竞争对手。

6. 具体

说话一定不能太笼统,不能太概括,越具体越好,越具体越显得真诚,越具体也越显得客观理性,所以我们要想办法让自己说话更加具体。

少用还行、差不多、可能、比较、大概、应该等笼统的说法。

多用具体的数据和事实,给对方一种更有根据、更坦诚、更尊重客观事实的感觉,让对方通过你的话就能感觉到你靠谱。

在这里,该男子直接用了"有11年工作经验""在18家公司任过职"等说法,通过数字说明事实,成功吸引了面试官的兴趣。面试官都是迷恋数字的人,他们对数字有着天生的敏感性,所以,男子刚说完,面试官就马上开始刨根问底。最后那位男子大段阐述后,还能通过蛛丝马迹现场指出真正的考官,也足以反映他宏观和微观思维都非常不错。

命运把握在自己手里,工作也一样。一节内容,虽不能为你揭开面试江湖的全部面纱,但只要你底子不差,加上对这些面试功夫的掌握,相信会在面试时如鱼得水。

22 ｜访功：拜访及会面功夫

无论是逢年过节的走亲访友，还是社会交际的礼尚往来，要想将人际关系维护好，就得有接触有互动，自然也少不了登门拜访。尤其是对重要的人，我们表示敬重的方式，往往是登门拜访。

而在拜访会面这件事上，其实很多人做得并不够好，甚至根本不懂相关的规范和礼仪，所以我们要好好聊聊访功，具体分析一下现实生活中人们在拜访时经常犯的错误，同时也给大家提供有效方案，让大家知道以后在拜访时应该注意什么。

居室拜访的注意事项

无论是否是商务拜访，都有可能会涉及去对方的家里拜访，即居室拜访。居室拜访要注意 3 个方面。

1. 有约在先

要跟对方打好招呼，杜绝突然造访，因为你的突然造访往往会让对方措手不及，打乱对方的安排，所以要跟对方提前约好时间，约好过去的人员以及过去要聊哪方面话题，当然是根据具体问题具体分析。总之，想让人印象好，一定要有约在先。

2. 上门有礼

这方面包含两重含义，既指上门拜访要带礼品，又指要注重礼仪。

礼品心意：中国人做事讲究礼尚往来，礼品再小，也代表一份心意，哪怕是一件手工小作品，也比什么都不带空手登门强很多。毕竟"家"是中国人非常重视的概念，不是什么人都能让你进家门的，你进了人家家门就要在意人家家人的看法，朋友的家人也许不会计较什么，但他们会根据你的表现，来判断你的朋友以后应如何跟你相处。所以，无论是普通朋友还是比较熟悉的朋友，都要带一些伴手礼，这个伴手礼哪怕简单一些也无妨，毕竟礼轻情意重嘛。你越有礼貌，你的朋友在家里人面前就越有面子。

礼仪已生：这方面要有讲究，如果你穿得邋里邋遢的，甚至不注意卫生，对方就算表面不会表现出厌恶之情，你以后也可能再也进不了对方家门了。穿着整洁得体也是对别人的一种尊重。

3. 为客有方

这方面主要是指一些细节和分寸的问题。

时间适度把握：你跟人家约好时间后要按时到达，或者提前三五分钟到，提前太长时间就会变成不速之客，让别人措手不及，实在有客观原因不能准时到，务必提前告知，不要等对方给你打电话询问。

行为规范、举止得当：对方哪怕是你非常好的兄弟朋友，你也要考虑到对方有家人，如果你不注意，行为很随意，举止轻浮，可能就会让对方家人感觉不舒服，甚至有一些反感，有一些不好的联想，也可能让

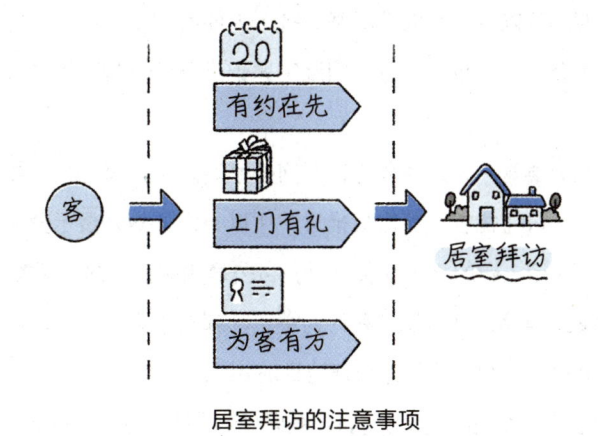

居室拜访的注意事项

对方在你走后在家里被指责。

　　适时告辞：走的时间同样很重要，你要把握好拜访的时间，比如说你上午去拜访了，天南海北地聊天，扯东扯西，没有注意时间，当初来之前没有说好要留下来做客，对方也没有特意做准备，结果聊到中午12点，对方要不要给你准备午饭款待你呢？款待你，没有准备原材料，不款待你，出于礼节不合适，这会让对方手足无措，进退两难。你不会做人，也让对方不好做人了。所以，一定要自己控制好时间，做到有分寸、有把握。

办公室拜访的注意事项

　　办公室拜访，基本都属于商务拜访，更要求严谨性和专业性，有以下7个注意事项。

　　（1）提前预约：与刚提到的居室拜访有相似之处，提前预约是必须要做的功课，不做不速之客，尤其是商务拜访，大家的时间安排都特别紧，临时接待很少见。

　　（2）围绕主题：过去之后不要扯别的，办公室拜访往往都是公司间的商务行为，所以双方目的性很强。每个人的时间都是很宝贵的，处理完这件事还会有其他事，所以要围绕主题推进拜访进程，不能太过偏题跑题。

　　（3）充分准备：因为商务拜访不同于家庭拜访，家庭拜访相对随意一些，商务拜访往往有任务需要推进，所以一定要做好展示型文件资料的准备、对谈话主题的相关准备、对到访公司相关情况的了解等。

　　（4）举止得体：仪容仪表和行为举止，都要给人留下好印象，让人对你有好感觉，会利于达成你的拜访目的。

　　（5）注意流程：提前搞清楚自己的拜访目的和流程，做好过程控制。

(6) **适时告辞：** 这方面需要注意的地方和居室拜访基本相同。

(7) **促成推进：** 就是整个交谈一定要有一个结果，如有未尽事宜，应约好下一次交谈碰面的具体时间、地点，把握每一次机会，做好推进工作。

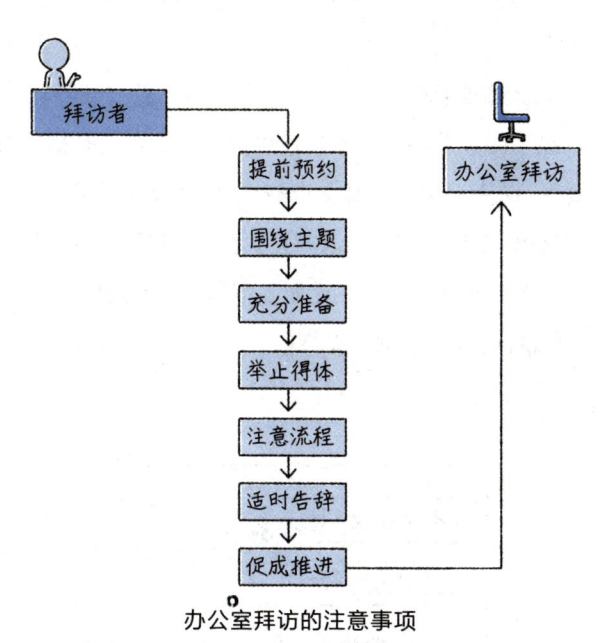

```
拜访者 → 提前预约
          ↓
        围绕主题
          ↓
        充分准备
          ↓
        举止得体            办公室拜访
          ↓                    ↑
        注意流程                │
          ↓                    │
        适时告辞                │
          ↓                    │
        促成推进 ───────────────┘
```

办公室拜访的注意事项

做客的注意事项

这方面主要侧重亲朋好友生活中的做客，相当于居室拜访，商务性弱一些，有8个方面需要注意。

(1) **不空手登门。** 给对方家人买份代表心意的礼物，带一份适合的、应景的礼物上门，往往会让你朋友更有面子。

(2) **不突然造访。** 要提前预约时间，这个在前面也强调过。

(3) **不约不宜的时间。** 最好是给对方几个选择，和对方协商，同时一定要提前沟通预约，以免和对方其他事造成冲突。比如说人家那两天可能有病人在医院,你刚好想约这个时间拜访,如果没问人家方不方便就要来登门,你是让人家回家还是在医院呢?这类细节是要考虑的。不过无论去哪里做客,都得给自己想个见面的理由,比如你刚从外地回来,给对方捎了点当地的土特产;或听说孩子生日要到了,给孩子订做了份礼物。

(4)**不冷漠对方亲友**。你去对方家里做客,若对方的父母、孩子、爱人在家,绝不能视若不见,不能冷漠对待他们,该打招呼时要打招呼,并且要主动友好地互动,比如夸孩子漂亮,就算不漂亮,也可以夸"这孩子看起来就聪明",哪个家长不喜欢别人夸自己的孩子?

(5)**不闯入对方私人空间**。比如卧室和书房都是比较私密的场所,除非人家有邀请,否则不要闯入。

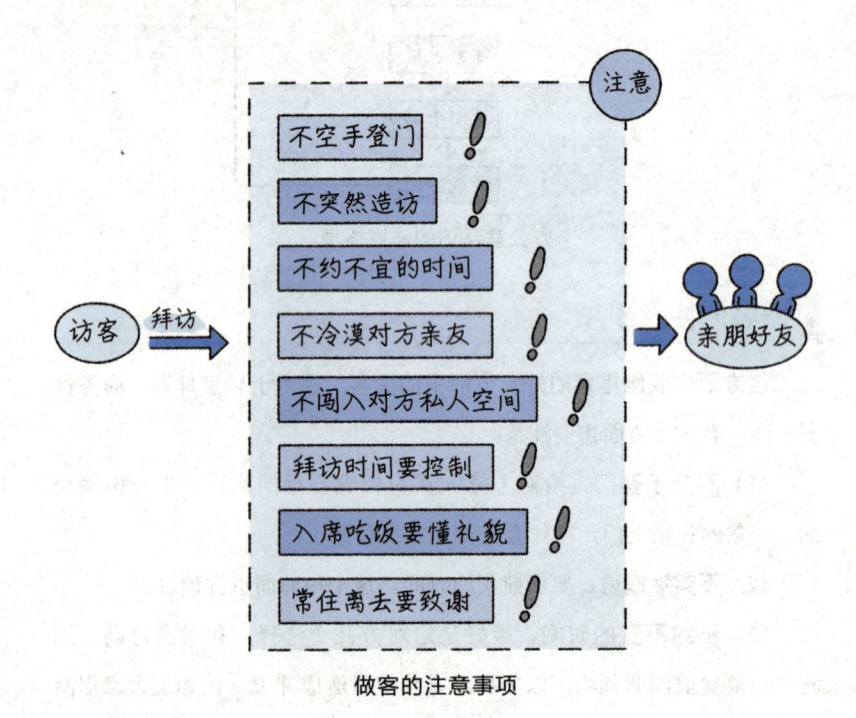

做客的注意事项

（6）**拜访时间要控制**。在上面讲到过，大家可以参考居室拜访注意事项的第三点。

（7）**入席吃饭要懂礼貌**。你要知道哪里是上座，要知道长幼有序，并且吃饭的时候当主人还没有表示开餐，你不要不懂礼数地先动碗筷开吃，这容易让人尴尬。包括要摒弃吃饭上的一些陋习，我在宴功一节中讲过，在此不再赘述。

（8）**长住离去要致谢**。这方面一定要注意，如果你在朋友家要住上一段时间，那么离开的时候一定要好好感谢人家。因为即使你和对方的关系再好，毕竟在这段时间，你给对方添了不少麻烦，所以离开的时候，一定要有一些物质上和语言上的答谢。所以建议你在朋友家里长住离开时，算一下这段时间同样在外面吃住得花多少钱，至少花一半钱给朋友家人买些礼物，以示谢意，这也让朋友家人觉得你这个人懂得感恩，值得深交。

拜访过程中介绍他人的注意事项

我们有些时候不止一个人去拜访对方，可能还会带着其他人，不管在什么样的场合，我们怎样把不同的人介绍给另外一些人呢，这也是需要学习的一点。比如介绍的顺序，一般情况是这样的。

（1）要先为职位高者介绍职位低者。　（5）要先向主人介绍客人。

（2）要先为年长者介绍年轻者。　（6）要先向人多的介绍人少的。

（3）要先为老师介绍学生。

（4）要先为女性介绍男性。

通过这些介绍顺序的具体描述，我相信大家已经摸透了为人介绍的规律。在中国式人际关系里，特别讲究有大有小，长幼有序，胡乱介绍就会被别人笑话不懂事、没教养等。其实你只用把握一个原则——尊者先知。意思就是，尊者拥有优先知情权，所以在办事的和求人办事的人面前，自然是先将后者介绍给前者。

我们很多人在拜访的交际活动中，多多少少都犯过一些小错误，甚至是做过让人啼笑皆非的事情。掌握了本节4个方面的注意事项后，你至少可以少犯错误，相信这些建议，能让你未来在跟别人的拜访会面中提升你在别人心中的形象。

扫码领福利

卢战卡

- 全国青联委员、全网粉丝1300万+的知识型IP
- 头条、百度等多平台公益助学先锋荣誉获得者
- 抖音官方认证知识分享官、2020百大人气创作者
- 头条金V优质职场创作者、头条认证短视频营销专家
- 一汽大众、泸州老窖、中国平安等众多500强企业特聘讲师

战卡成长营

① 每日分享带你轻松长知识
② 让你变得更强的成长环境
③ 一群高质量的成长型伙伴
④ 【定期精选】值得看书单

扫码免费加入,我在群里等你哦

扫码关注公众号
回复"成长"
免费加入战卡成长营

全套思维导图

《社交资本》系列丛书三本书籍《影响式社交》《影响式表达》《影响式销售》核心精华的思维导图,共计"70套社交功夫",立刻扫码,免费领取!

立刻扫码
发送"导图"
即可领取

扫码领取福利

战卡成长营

1. 每日分享带你轻松长知识
2. 让你变得更强的成长环境
3. 一群高质量的成长型伙伴
4. 【定期精选】值得看书单

扫码免费加入，我在群里等你哦

扫码关注公众号
回复"成长"
免费加入战卡成长营

全套思维导图

《社交资本》系列丛书三本书籍《影响式社交》《影响式表达》《影响式销售》核心精华的思维导图，共计"70套社交功夫"，立刻扫码，免费领取！

立刻扫码
发送"导图"
即可领取